Inhaltsverzeichnis

Vorwort 5
Dank 6
Wenn Gottes Wort Gestalt in uns gewinnt 7
Was wird wohl aus diesem Kindlein werden? ... 12
Silviane 22
Wer ist eigentlich Ednei? 26
Missverständnisse zum Schmunzeln 33
Glaubst du an Wunder? 42
Besuch! Freude! Überraschung? 47
Mein Lebensmotto 57
Zezinho 62
Priscila gehört auch dazu 69
Erhört Gott auch Kindergebete? 75
Darf ich für meinen Hund beten? 77
Ich suche eine Parklücke 80
Ze Carlos und seine Familie 88
Elisabete und Rosinha 99
Es geht auch anders 111
Leben in der Plastiktüte 114
Wer hat mehr Lebensrecht? 117
Mausi 123
Fürsorge besonderer Art 127
Nachbars liebes Federvieh 130
Eine gute Lösung 133
Zitronensaft mit Händen und Füßen 135
Rund um Weihna̱   38

Wie war das nur möglich?	143
Gesegnete Dienste in Freizeiten	151
Meine treuen Helfer	158
Überschwemmungen	163
Gott redet auf mancherlei Weise	165
Gottes Reden mitten im Straßenverkehr	166
Felsen, die sprechen	168
Zusammenfassung	173

Vorwort

Die „Mutter des Volkes", alias Irmã Ilse, lässt uns noch einmal teilhaben an ihren Erlebnissen in Südbrasilien. Der zweite Band ist genauso spannend wie der erste. Dabei ist er nicht einfach eine Fortsetzung, sondern eine Vertiefung. Die Autorin lässt uns intensiv teilhaben an Leben und Geschick ihrer Patienten und deren Familien.

Ihre Begegnungen, über Jahre und Entfernungen hin vertieft, beweisen doch, dass die Verheißungen der Bibel wahr sind. Erst „auf der anderen Seite", in der Ewigkeit, wird die volle Tragweite eines solchen Dienstes erkennbar sein. Keine Mühe, wie groß sie auch sei, an welche Grenzen unseres eigenen Seins sie uns auch führt, ist „vergeblich", bleibt ohne Wirkung. Und jeder Tag bietet die Möglichkeit eines Neubeginns für die Menschen, denen die Urwaldhebamme dienen durfte.

Von ähnlichen hintersten Ecken, wie sie in den beiden Büchern geschildert werden, gibt es immer noch zu viele in unserer Welt. Mein Wunsch wäre, dass durch diese Bücher Menschen den Mut bekommen, sich so Gott zur Verfügung zu stellen und mit ihm Taten zu tun.

Prof. Dr. Ursula Wiesemann
Wycliff Bibelübersetzerin

Dank

Es ist mir ein Bedürfnis, einmal allen ganz herzlich zu danken, die mir immer wieder Mut gemacht haben, meine Erlebnisse und Erfahrungen mit Gott niederzuschreiben. Oft wurde mir nach einer Missionsstunde gesagt: „Schwester Ilse, Sie könnten wirklich ein Buch schreiben!", oder: „Haben Sie immer noch nichts geschrieben? – Wir warten darauf!"

Mein Dank gilt aber auch allen, die mich in all den Jahren meines Missionseinsatzes in Brasilien betend begleitet haben. Ich wusste mich umbetet und die niedergeschriebenen Erlebnisse sind einfach nur Gebetserhörungen, an denen Sie alle teilhaben. Dafür bin ich meinen Betern von Herzen dankbar. Ich müsste viele Namen nennen, Namen meiner Brüder und Schwestern in Brasilien und in Deutschland oder anderswo. Doch Jesus kennt sie alle. Der Dank ist im Himmel registriert und wird auch von dort belohnt.

Nun ist die zweite Auflage meines Buches „Die Urwaldhebamme" bereits verkauft. Fragen sind laut geworden: „War das alles, Schwester Ilse? Wir warten auf eine Fortsetzung!" Das soll nun mit dem vorliegenden Buch geschehen.

Es geht mir darum, dass viele Menschen durch meine Bücher gesegnet werden und dass Spuren bleiben, die zu einer lebendigen Beziehung mit Jesus Christus, dem Heiland der Welt, führen.

Elbingerode, im Mai 2008
Ilse Roennpagel

Wenn Gottes Wort Gestalt in uns gewinnt

Die Liebe zur Mission lebte praktisch von Kindesbeinen an in meinem Herzen. Immer wieder hatte ich in jungen Jahren den Vers bewegt: *Das will ich mir schreiben in Herz und Sinn, dass ich nicht für mich auf Erden bin, dass ich die Liebe, von der ich lebe, liebend an andere weitergebe.*

Dies hatte ich bereits als Kind geübt, indem ich anderen Kindern erzählte, wie sehr der Herr Jesus sie liebte. Natürlich hatten wir auch gesungen: „Da draußen bei den Heiden scheint die Sonne so heiß, da lebt so manches Kindlein, das vom Heiland nichts weiß." Und erst recht: „Sterbend ein armer Zigeunerknab' wacht, ihm ward die Botschaft des Lebens gebracht, hell horcht er auf, ist es Wahrheit, er fragt: Niemand hat je mir vom Heiland gesagt". Dann der Kehrreim: „Sag's noch einmal, sag's noch einmal, sag's immer wieder, bis keiner mehr klagt: Niemand hat je mir vom Heiland gesagt."

So hatte sich mein Kinderherz Mission vorgestellt, und dafür war ich bereit.

Das alles geschah, bevor ich selbst eine klare Entscheidung für Jesus getroffen hatte. Dabei wollte ich doch gerne Jesu Eigentum werden. Aber wie sollte das zugehen?

Da erzählte uns Kindern die Schwester eines Tages mit Freuden: „Die Ruth hat heute ihr Herz dem Heiland geschenkt."

Ich schaute mir die Ruth an und dachte: „Nein, ich möchte einmal nicht ohne Herz herumlaufen." Ob es da nicht auch noch einen anderen Weg gab?

Doch, den gab es. Aber zunächst hatte ich auf meine Weise weiter ‚evangelisiert' und die Liebe zu Jesus und zu seinem Wort ist dabei gewachsen und ließ den klaren Entschluss in mir reifen, mein Leben ganz unter die Führung Jesu zu stellen. So hat jeder, der sich Jesus Christus unterordnet, seine eigene Bekehrungsgeschichte.

Außerdem wurde mir beim Lesen des Wortes Gottes immer klarer, dass Jesus nur die Sünder annimmt, und ich wollte doch als eine ‚Gute' zu ihm kommen. Was hatte ich nicht alles angestellt, um gut zu werden!? Doch die Erkenntnis, dass mein Herz durch und durch sündig ist, ging mir erst nach und nach auf und weckte die Heilandsbedürftigkeit umso mehr in mir, sodass ich mit 16 Jahren aus tiefster Überzeugung mein Leben ganz bewusst unter Gottes Führung stellte. Gottes Wort hatte nicht nur meinen Kopf, sondern auch mein Herz erreicht und gewann immer mehr Gestalt in mir. Danach war es mir erst recht ein Anliegen, Jesus zu bezeugen.

Inzwischen war ich in das Diakonissen-Mutterhaus in Elbingerode eingetreten. Mein Traum vom Leben an der Seite eines Missionsarztes war zerplatzt. Doch die Liebe zur Mission lebte weiter in meinem Herzen. Sie hatte nur einen neuen Stellenwert bekommen und wurde durch die Berichte vom Missionsfeld genährt und gestärkt und lehrte mich das Warten auf Gottes Stunde.

Dann kam die Zeit der Fünfzigerjahre und die Missionare der Marburger Mission mussten aus politischen Gründen Hals über Kopf China verlassen.

Sollte das ein endgültiger Schlussstrich für die Mission sein? Das zu glauben, fiel mir sehr schwer. Doch es war die Realität und sie gestaltete sich anders als das, was ich in meinem Herzen festgehalten hatte. Damals wusste ich noch nicht, dass die Marburger Mission auch in Brasilien Missionare hatte.

In meinem Herzen tobte ein mächtiger Kampf. Über viele Jahre hatte Gott mir durch sein Wort die innere Gewissheit für den Weg in die Mission gestärkt und bestätigt. Und nun sollte das alles aus sein? Unmöglich! Hätte ich vielleicht nicht ins Mutterhaus gehen, sondern gleich den Weg in die Mission wählen sollen? Vielleicht in eine andere Missionsgesellschaft? Ich sah meine Berufung umbrandet von vielen Fragen und Zweifeln und innerer Unruhe, sodass es mir schwerfiel, einen klaren Gedanken zu fassen. Ich konnte aber auch mit keinem Menschen darüber sprechen. Umso mehr schüttete ich mein Herz immer wieder vor Gott aus.

Es wurde Sonntag und mir fiel es sehr schwer, mich im Gottesdienst auf Gottes Wort zu konzentrieren. Der Predigttext für diesen Sonntag war aus 1. Mose 22: *Nach diesen Geschichten ... sprach Gott zu Abraham*: *Nimm Isaak, deinen einzigen Sohn, den du lieb hast, und geh hin in das Land Morija und opfere ihn dort zum Brandopfer.* „Abraham hatte also ein Recht, seinen einzigen Sohn, den Verheißungsträger, zu lieben und sich an ihn zu klammern. Nun soll er diesen auf einem Altar Gott opfern? Einfach unbegreiflich! Wie schwer muss ihm der Weg nach Morija geworden sein! Aber er ist ihn im Gehorsam gegangen. Dabei wurde deutlich, dass er Gott noch mehr liebte als seinen Sohn Isaak, den Verheißungsträger."

Ich horchte auf. Was hatte der Pfarrer da gerade gesagt?

So hatte ich die Auslegung dieses Textes bis dahin noch nicht gehört. Gott hatte ganz klar zu meinem Herzen gesprochen und der Text hatte konkret Gestalt in mir gewonnen.

Es war, als fiele es mir wie Schuppen von den Augen. Ich sah mich plötzlich ganz allein mit diesem Text konfrontiert und wusste genau, was ich nach dem Gottesdienst zu tun hatte.

Damals teilte ich zusammen mit einer Schwester ein kleines Zimmer in einem unserer Häuser auf dem Mutterhausgelände. Diese hatte Dienst, sodass ich allein im Zimmer war. Wir hatten zwischen unseren Betten einen kleinen Sessel stehen, darüber hing ein handgeschriebenes Gotteswort. Ich schloss die Tür zu und kniete vor dem Sessel nieder. Dann gab ich Gott im Gebet alle seine Verheißungen und mutmachenden Gottesworte zurück, die er mir im Laufe der Jahre für meinen Weg in die Mission gegeben hatte, und legte sie auf den Altar. Das geschah nicht ohne inneren Kampf. Denn auch ich hatte mich an Gottes Verheißungen geklammert. Und ein Loslassen ist immer mit Schmerzen verbunden. Aber ich wollte, wie Abraham, den Weg des Gehorsams gehen.

Doch dann geschah etwas Wunderbares. Als ich meine Augen öffnete, sah ich nicht, wie Abraham, einen Widder. Ich hatte mir auch nicht ausgemalt, was jetzt geschehen könnte. Eigentlich hatte sich überhaupt nichts an meiner Situation geändert. Und doch war etwas Wunderbares geschehen. Es war auf einmal tief innen still in mir geworden, so, als ginge mich die ganze Missionsangelegenheit überhaupt nichts mehr an. Und noch etwas war geschehen. Mein Blick fiel auf das Gotteswort über dem Sessel, das ich alle Tage sah und schon auswendig konnte. Da stand geschrieben:

Die rechte Hand des Höchsten kann alles ändern (Psalm 77,11).

Dieses Wort wurde mir in diesem Moment so lebendig wie nie zuvor. Ich habe es bis heute nicht wieder vergessen und es wurde mir schon oft zur entscheidenden Hilfe, ja, es fing an, je länger, je mehr Gestalt in mir zu gewinnen. So durfte ich es dann tatsächlich auch erleben, *wie die rechte Hand des Höchsten ‚zur rechten Zeit‘ alles geändert hat.* (Nachzulesen in meinem ersten Buch „Die Urwaldhebamme".) Dafür bin ich immer wieder von Herzen dankbar.

Als Kind lernte ich mit Freuden Gottes Wort auswendig, besonders die fett gedruckten Worte, bis ich entdeckte, dass der Kontext, der meistens nicht fett gedruckt war, genauso wichtig war und dem fett gedruckten Wort erst den richtigen Sinn verlieh. So stehen *vor* dem fett gedruckten Vers aus Jes. 28,29: *Des Herrn Rat ist wunderbar und er führt es herrlich hinaus* die Worte: *Auch das kommt her vom Herrn, sein Rat ist wunderbar und er führt es herrlich hinaus.* Als ich *auch das kommt her vom Herrn* akzeptierte und mein Herz darüber stille wurde, durfte ich dann auch zur von Gott bestimmten Zeit den wunderbaren Ausgang erfahren.

Inzwischen kann ich die durchlebten Gottesworte, die auf solche Weise in mir Gestalt gewonnen haben, nicht mehr zählen. Aber ich bin dankbar, wenn mich Gott zu gegebener Zeit immer wieder einmal daran erinnert, so wie es der Psalmist in Psalm 97,11 ausdrückt: *Dem Gerechten muss das Licht* immer wieder *aufgehen und Freude den frommen Herzen.*

Es scheint Gottes helfende Art und Weise zu sein, uns sein Wort ins Herz zu meißeln und uns darüber zur Stille vor ihm zu bewegen, damit wir lernen, ihm zu vertrauen und ihn wirken zu lassen. Dafür bedient er sich oft unmöglicher und aussichtsloser Situationen in unserem Leben.

Doch wenn Gottes Wort Gestalt in unserem Leben gewinnt, wird immer Herrlichkeit Gottes die Krönung sein.

Was wird wohl aus diesem Kindlein werden?

Diese Frage hatte mich oft bewegt, wenn ich ein Neugeborenes in den Händen hielt, erst recht, wenn es das Gewicht eines zu früh geborenen Kindes hatte und gerade die 1-kg-Grenze überschritten war.

Ob meine Mutter wohl bei meiner Geburt auch so gedacht hatte? Ich soll nur 1,5 kg gewogen haben und soll oft blau geworden sein. Man musste mich immer wieder zum Leben animieren, sodass die Hebamme schließlich zu meiner Mutter gesagt haben soll: „Frau Roennpagel, lassen Sie die Kleine doch sterben, Sie sehen doch, dass sie keine Kraft zum Leben hat." Aber meine liebe Mutter führte mir unermüdlich weiter Nahrung mit der Pipette zu, bis ich schließlich selbst anfing zu saugen und mich mit großem Nachholbedürfnis blendend entwickelte.

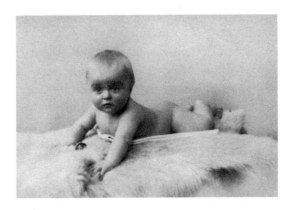

Gott sagt in seinem Wort: *Was schwach ist vor der Welt, das hat Gott erwählt, und was da nichts ist, das hat Gott erwählt* (1. Kor. 1,27).

So steht über meinem Leben: „Nichts – und doch erwählt."

Und diese Erwählung, von der ich noch nichts ahnen und wissen konnte, ließ Gott Schritt für Schritt ganz konkret werden in meinem Leben.

Ob das auch der Grund dafür war, dass ich eine besondere Liebe für zu früh geborene Kinder in meinem Herzen hatte? Ich behielt sie, natürlich mit dem Einverständnis der Eltern, gerne noch geraume Zeit bei mir und bereitete ihnen liebevoll ein Bettchen mit Wärmflaschen und warmen Decken zu. Ein Familienmitglied brachte mir täglich die abgepumpte Muttermilch, sodass ich das Neugeborene gut versorgen konnte. Als es dann die 2-kg-Grenze erreicht hatte, was ich auf der Küchenwaage ablesen konnte, nahmen die Eltern ihr Kind dankbar wieder an.

Die Freude war dann jedes Mal groß, wenn der kleine Erdenbürger in den Kreis seiner Geschwister aufgenommen werden konnte. Es kam auch vor, dass ich zum ersten Geburtstag des Kindes eine Karte mit einem Foto bekam und der „Vizemama" noch einmal herzlich gedankt wurde.

Immer wieder bewegte mich im Laufe der Jahre die Frage, was wohl aus „meinen Kindern" geworden sein mag? Ob sie sich weiter gesund entwickelt hatten? Ob die Eltern erkannt hatten, dass sie eine gute Schulbildung brauchten? Bei meinen späteren Besuchsreisen nach Brasilien, es waren insgesamt sechs, begegneten mir viele dieser Kinder. Ich konnte mich nicht mehr an alle Namen erinnern, aber ich konnte mich über sie freuen.

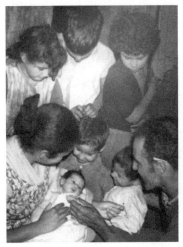

Freudig erwartet: der neue Erdenbürger.

Einmal kamen zwei Frauen vom Feld und ich hörte sie hinter mir tuscheln: „Ob sie uns wohl noch kennt?" Ja, ich hatte sie erkannt und wurde sogleich mit der Geschichte der ganzen Sippe konfrontiert: wer wen geheiratet hatte, wer sich wieder getrennt hatte, wer fortgezogen war, wer wen erschossen hatte, wer vom Pferd gefallen war und sich die Knochen gebrochen hatte, wer im großen Paranafluss ertrunken war, wer Schweine gestohlen hatte, wer gestorben war, wer einen neuen Tante-Emma-Laden eröffnet und wer seinen wieder geschlossen hatte, wer ein neues Haus gebaut hatte, welche Kinder zur Welt gekommen waren und wer von allen einmal bei mir geboren worden war und dergleichen mehr. Es war das reinste Labyrinth von Informationen und ich musste erst einmal alles sortieren.

Ich wurde gebeten, eine Jugendstunde in einer meiner früheren Gemeinden zu halten. Es waren ungefähr 20 Jugendliche in dem kleinen Raum versammelt, der keinen Platz für Stühle hatte. Alle saßen fröhlich auf dem Fußboden beisammen. Als ich in den Raum trat, sprang plötzlich ein junges Mädchen auf und fiel mir um den Hals und drückte mich mit den Worten: „Schwester Ilse, kennen Sie mich noch? Ich wurde vor 23 Jahren in Ihren Händen hier geboren."

Wer mochte das wohl sein? Ich hatte blitzschnell mein Erinnerungstagebuch durchgeblättert und dabei ihr Gesicht angeschaut. Ja, vor 23 Jahren war ich hier in Candoi gewesen! Da, plötzlich machte es Klick und ich wusste: Das war Noemi! Die Freude des Wiedersehens war unbeschreiblich groß, erst recht, als ich sie im Kreis derer fand, die sich um Gottes Wort geschart hatten. Sie hatte ihr Leben ganz bewusst unter Gottes Führung gestellt und war ein frohes Gotteskind. Jetzt war sie für die Jugendarbeit in der Kirche verantwortlich.

Als Noemi ungefähr vier Jahre alt war, hatte Gott sie gebraucht, um mir Mut ins Herz zu singen. Sie war mit ihrer Mutter und ihrem Bruder, der sich schwer verletzt hatte, ins Ambulatorium gekommen. Während ich den Bruder behandelte, stand Noemi im Türrahmen und sang. Es war ein Chorus, den wir vor Kurzem in der Sonntagsschule gelernt hatten. Er hieß: *„Sei nur nicht mutlos, nur nicht mutlos, Schmerzen und Traurigkeiten können kom-*

men, *doch Jesus ist bei dir, drum sei nicht mutlos, nicht mutlos, nein, nein, nein!"* Ununterbrochen hatte sie gesungen, sodass mir die Worte immer tiefer ins Herz sanken. Im Lauf der Jahre, wenn sich die Mutlosigkeit in meinem Herzen einschleichen wollte, wurde ich oft an diesen Chorus erinnert, der mir zur Glaubensstärkung wurde. Bis heute höre ich Noemis Glockenstimmchen: *„Sei nur nicht mutlos, nicht mutlos, nein, nein, nein."*

Am nächsten Morgen hatte ich den Gottesdienst zu halten. Da war Noemi selbstverständlich auch anwesend. Ich konnte nur staunen und mich von Herzen freuen, wie sie mit ansteckender Freude die gut ausgesuchten Lieder für die Lobpreisstunde gewählt und die ganze Gemeinde beim Singen im Griff hatte. Ihre Eltern und etliche Geschwister waren auch anwesend und wir hatten nach dem Gottesdienst noch ein frohes Beisammensein. Viel gab es zu berichten. Einige Kinder hatten geheiratet und wohnten inzwischen in einer anderen Gegend. Da erfuhr ich auch, dass es Rosinha, der ältesten Tochter, die einmal für ein paar Jahre bei mir gewesen war, gut ging und sie nicht vergessen hatte, was sie bei mir gelernt hatte. Während wir erzählten, kamen immer mehr Leute mit ihren Kindern und Enkelkindern. Alle hatten sie irgendeinen Bezug zu mir, entweder sie waren bei mir geboren worden oder ich hatte sie oder auch ihre Tiere behandelt, als sie schwer krank waren.

Da konnte ich hören: „Wissen Sie noch, Schwester Ilse, dieser Junge hatte doch die Nabelschnur zweimal fest um den Hals und konnte kaum geboren werden. Da haben Sie laut gebetet und Gott hat geholfen. Und dann haben Sie ein Dankgebet gesprochen. Er ist ein stattlicher junger Mann geworden, wie Sie sehen."

Eine andere Mutter wusste noch, dass ich sie hochschwanger mit dem Jeep über 100 Kilometer ins Hospital gefahren hatte, die Infusionslösung am Arm und die Flasche oben im Jeep befestigt. Eile war damals geboten, da das Kind, ihr erstes, nicht normal geboren werden konnte. Ein Kaiserschnitt musste gemacht werden. Weil aber der Arzt nicht da war, hatte der Krankenpfleger die Initiative ergriffen und alles in die Wege geleitet und das Kind geholt. Es gab einfach nichts, was es nicht gab. „Hier ist unsere Eunice", stellte die Mutter mir ihre Tochter, ein bildhübsches junges Mädchen vor. Ich konnte mich nur freuen.

Da war aber auch Dona Neizi, die ich von ihrem zehnten Kind entbunden hatte. Wie froh war sie, dieses Kind nicht abgetrieben zu haben, obwohl sie von ihren Nachbarn dazu gedrängt worden war. Gerade dieses Kind, ein Mädchen, war ihr und der Familie jetzt eine große Hilfe. Inzwischen war sie Großmutter und hatte sogar schon zwei Urenkel. Schon stand die Großfamilie vor mir, über 20 Personen und die Großeltern strahlend in der Mitte! Ich konnte mich nur immer wieder von Herzen freuen und Gott danken.

Doch stand da nicht auch der Mann, dem ich das Ohr „angenäht" hatte? Ja wirklich, auch er war dankbar, dass ihm geholfen worden war.

Aber auch Dona Aline war da und wusste von vielen Gotteserlebnissen zu berichten, als gerade während der Geburt ihres zweiten Kindes ein wolkenbruchartiger Regen über uns hereinbrach, der mir den Heimweg aus dem Wald fast unmöglich gemacht hätte. Der Geländewagen war tief im Schlamm eingesunken. Was sollten wir tun? Da hatte der Mann von Dona Aline eine Idee. Weil sonst keine Bretter vorhanden waren, nahm er das Kinderbett auseinander, in dem das ältere Kind schlief, und versuchte, die Teile des Bettes unter meinen Wagen zu schieben. Außerdem schnitt er mit dem Buschmesser Geäst und Zweige von den Bäumen und legte damit meinem Wagen eine Piste. So konnten sich die Räder wieder drehen und ich trat in tiefer Nacht meinen Nachhauseweg an. Das war echte Hilfe, aus tiefer Dankbarkeit geboren! Die Bretter des Kinderbettes waren natürlich nicht mehr zu gebrauchen. Ich konnte das Krachen unter mir beim Fahren deutlich vernehmen. Die Eltern sagten: „Das ist uns die gute Geburt unseres Kindes wert! Bretter können wir uns allemal wieder besorgen." Ob das in Deutschland auch möglich gewesen wäre? Es tut wohl, wenn man mitten im Urwald dankbaren Menschen begegnet!

Dona Cecilha erinnerte sich beschämt daran, dass sie mich einmal gerufen hatte, weil sie meinte, ihr Pflegesohn Betinho habe Wurmkrämpfe und sei deshalb bewusstlos geworden. Ich müsse schnell kommen. Wie war sie empört, als ich ihr sagen musste, dass der achtjährige Junge keine Wurmkrämpfe habe, sondern total betrunken sei. Seine Pupillen und der Alkoholgeruch aus seinem Munde sprachen eine deutliche Sprache. Die Pflegeeltern, die einen kleinen Tante-Emma-Laden hatten, wollten das nicht wahrhaben, bis sie sich selbst davon überzeugten, dass der frisch angesetzte Wein im Keller deutlich weniger geworden war. Der Junge brauchte nach dem Wachwerden einen starken Kaffee und kein Wurmmittel.

Doch alles im Leben hat ja eine Geschichte. Auch Betinho hatte seine. Als er drei oder vier Jahre alt war, hatte ihn sein Vater immer zum Einkaufen mitgenommen. Als der Einkauf im großen Sack verstaut war, trank er noch „sein Schnäpschen", und Betinho stand bettelnd daneben. Natürlich bekam er auch „ein Schlückchen" und alle Herumstehenden machten sich darüber lustig, wie er sein Gesicht verzog. Doch da wurde die Lust nach Alkohol in ihm geboren. Alle Sucht hat ihren Anfang und beginnt oft im Kleinen, im Verborgenen. Ich hatte die leiblichen Eltern von Betinho nie kennengelernt, aber mit Dona Cecilha und ihrem Mann konnte ich ein hilfreiches Gespräch führen.

„Es war doch gut", sagte ein Mann, der auch dabeistand, „dass Sie den Frauen in der Frauenstunde sagten, Sie würden nur zur Geburt kommen, wenn das Kind ein eigenes Bett habe. Da habe ich, zum großen Erstaunen der Nachbarn, ob es denn schon so weit sei, gleich angefangen, eins zu zimmern." Er war gelernter Schreiner, doch seine Frau hatte noch einige Wochen Zeit bis zur Niederkunft. „Und nun haben schon mehrere Kinder darin gelegen", fuhr er fort, „und sind nicht im Schlaf erdrückt worden, wie das früher des Öfteren passierte." Ganz stolz bekundete er, dass mein Rat wirklich gut war und er ihn als mehrfacher Familienvater gerne weitergegeben hatte.

Schließlich wollte sich Dona Maria auch noch in Erinnerung bringen: „Schwester Ilse, das ist der Junge, der sich die Bohnen in die Ohren gesteckt hatte, die dann gequollen waren und die Sie nur mit warmem Öl nach und nach mit der Pinzette entfernen konnten. Wissen Sie es noch?" Ach ja, was musste eine Hebamme nicht alles wissen und tun? Doch dabei wurde ich selbst mit Erfahrungen und Gotteserlebnissen beschenkt. Einmal waren es die Bohnen in den Ohren, die entfernt werden mussten, dann ein Moskito aus der Nase, dann wieder musste ein Fuß von einem Nest von Sandflöhen befreit werden oder ein Angelhaken musste aus dem Oberschenkel entfernt werden oder ein Bauch war voller Würmer und eine Wurmkur war angesagt oder ein Messerstecher gab vor, nur vom Pferd gefallen zu sein und sich dabei die große, klaffende Wunde am Kopf zugezogen zu haben, obwohl es eindeutig ein Schnitt war. Außerdem war er noch betrunken. Da half ohnehin kein Diskutieren. Doch nachdem die Wunde gut verheilt war, bekam ich das Kompliment, dass ich eine kluge Frau sei, der man so schnell nichts vormachen könne. Es sei doch gut, bei der Wahrheit zu bleiben. Ja, so ist es. Ich konnte ihn noch zielklar auf Jesus hinweisen, der von sich gesagt hat: *Ich bin der Weg, die Wahrheit und das Leben, niemand kommt zum Vater, denn durch mich* (Joh. 14,6).

So waren meine Tage meistens reich an Abwechslungen. Und wenn es keine gab, dann gönnten wir uns welche und fuhren einfach auf den neuen Spielplatz in die Stadt und schaukelten dort zusammen. Auch das tat einer Hebamme einmal gut!

Silviane

So hieß die kleine Vierjährige, die eines Morgens mit hochgradigen Verbrennungen von ihrer Mutter im Pferdewagen zu mir gebracht wurde. Sie hätte sofort ins Hospital gemusst, doch das lag über 100 Kilometer entfernt. Zudem waren die Eltern ganz arme Leute, die sich weder eine Fahrt leisten noch die Arztkosten aufbringen konnten. Sie hatten alle Brandwunden des Kindes mit Eiweiß und Zahnpasta bestrichen. Das war „die" erste Hilfe, die oft in solchen Fällen angewandt wurde. Dann kamen sie zu mir.

Silviane mit ihrer Mutter.

Was sollte ich tun? In solchen Situationen wurde mir mein Dienst, den ich vor Jahren als Säuglings- und Kinderschwester in einer Kinderklinik verrichtet hatte, zu einer großen Hilfe.

Ich behandelte das Kind unter Gebet. Alle Brandwunden im Gesicht, auf dem Kopf, an den Armen und Beinen und am ganzen Körper tränkte ich mit Kochsalzlösung, ja, ich badete die Wunden regelrecht in der Lösung. Ich verabreichte ihr Vitamin-B-Präparate und Medikamente gegen Infektion. Auch Tetanusserum habe ich gespritzt. Dann legte ich die nötigen Verbände an. Einen Strohhalm gab ich dem Mädchen noch, damit ihr Flüssigkeit zugeführt werden konnte, denn sie konnte ja ihren Mund nicht öffnen. Zum Schluss bekam sie noch ein Kärtchen mit einem Bild und einem Gotteswort mit auf den Weg. Das geschah jeden Tag. Mit diesen Kärtchen bestückte sie den ganzen Raum der kleinen Hütte. So wusste sie später genau, wie oft sie zur Behandlung bei mir gewesen war.

Aber vorerst sollte sie am nächsten Tag wiederkommen. Die Kochsalzbehandlung hatte ihr offensichtlich gutgetan und die Schmerzen gelindert. Über einen Monat behandelte ich sie täglich, dann wurde sie nur noch ein- bis zweimal in der Woche gebracht, bis keine Infektionsgefahr mehr bestand und die Wunden gut heilten.

Doch wie war es überhaupt zu dieser lebensbedrohlichen Verbrennung gekommen? Die Mutter hatte aus Versehen Benzin in die Petroleumlampe gefüllt und Silviane hatte die Lampe angezündet. Diese war sofort explodiert. Da war es geschehen.

Bei den täglichen Behandlungen hatte ich immer gute Gelegenheiten, die Mutter zur Frauenstunde einzuladen. Aber sie lehnte ab und kam nicht. Darüber vergingen viele Monate.

Eines Tages kam eine mir unbekannte Frau zur Frauenstunde, gleich mit dem Wunsch, sich bekehren zu wollen. Das hatte ich bis dahin auch noch nicht erlebt. Es war die Großmutter von Silviane. Diese hatte ihr von mir erzählt. Die Kärtchen mit den Gottesworten an der Wand waren dabei nicht unbeachtet geblieben und hatten sie ins Nachdenken gebracht. Ungefähr zwei Wochen später kam dann auch die Mutter von Silviane mit demselben Wunsch. Sie wurde von ihrer Schuld getrieben, denn sie hatte ganz klar erkannt, dass sie an den schweren Verbrennungen ihres Kindes schuld war. Diese Schuld und noch vieles mehr konnten wir im Gebet vor

Gott bringen. Sie erfuhr Vergebung ihrer Sünden und konnte als ein frohes und dankbares Gotteskind ihren Heimweg antreten. Mutter und Großmutter versäumten fortan keine Frauenstunde mehr.

Obwohl sie einen weiten Weg zurücklegen mussten, kamen sie auch zu den sonntäglichen Gottesdiensten. Eines Tages baten sie darum, als Mitglieder in die Kirche aufgenommen zu werden. Sie nahmen ihre Hinwendung zu Jesus ernst und waren für ihre Familie und ihre Nachbarschaft ein lebendiges Zeugnis von Gottes umgestaltender Kraft und Macht.

Bei meinen späteren Besuchsreisen bin ich ihnen in der Gemeinde begegnet, wo sie sich aktiv am Gemeindeleben beteiligten. Ich konnte mich nur von Herzen freuen und Gott danken.

Und was war aus Silviane geworden? Sie hatte zunächst die Freuden der Welt genossen und wollte nichts mehr von Gott wissen. Doch Gott hatte sie nicht aus seinem Blickfeld verloren. Er ging ihr nach, bis sie eines Tages zu ihm fand, zur großen Freude der Mutter und Großmutter, die treu für sie gebetet hatten.

Nach fast 30 Jahren war ich ihr wieder begegnet, und zwar anlässlich eines Gottesdienstes, den ich in der Missionskirche jenes Ortes halten sollte. Da fiel mir vor dem Gottesdienst eine Frau mit einem vernarbten Gesicht vor Freude um den Hals und drückte mich lange. Das konnte nur Silviane sein. Ja, sie war es! Das war wirklich echte und große Wiedersehensfreude! Sie stellte mir ihren gläubigen Mann und ihre beiden Kinder vor und bat den zuständigen Pastor, ganz spontan ein Zeugnis geben zu dürfen. Es war ihr einfach ein Bedürfnis, vor der ganzen Gemeinde zu bezeugen, was Gott an ihr getan hatte. Die Freude sprudelte nur so aus ihrem Herzen. Mit ihrem Mann zusammen sang sie dann noch ein Lob- und Danklied.

Das mitzuerleben, wurde für uns alle zu einem erquicklichen Freuden- und Dankesfest.

Wer ist eigentlich Ednei?

Ich hatte Geburtstag. Schon früh am Morgen erfreuten mich Anrufe von nah und fern.

Ich war dankbar für alle lieben Grüße, die mein Herz erreichten, ob mündlich, schriftlich oder durch Telefonate, und ich habe mich von Herzen an dem bunten Blumenstrauß der vielen Gottesworte gefreut. Am Abend wollte ich mich mit einem dankbaren Herzen zur Ruhe begeben, als noch einmal das Telefon klingelte. Wer mochte das wohl sein? Es war doch schon bald Mitternacht!

Am anderen Ende meldete sich Ednei aus Porto Brasilio (Brasilien). Mein erster Gedanke war: Ist etwas passiert, wer mag gestorben sein? Doch dann kam schnell die Erklärung. „Wissen Sie, warum ich anrufe? Weil Sie heute Geburtstag haben!" Ach, wirklich, der Anruf kam ja aus einer anderen Welt, wo es noch Tag war und niemand an schlafen dachte. Brasilien hatte zu der Zeit fünf Stunden Zeitunterschied zu Deutschland. Da war es gerade mal 18.00 Uhr und bei uns ging es schon auf Mitternacht zu. Alle Müdigkeit war wie weggeblasen und ich war ganz Ohr für die Stimme am anderen Ende, die neben den Glückwünschen auch noch eine Flut von Informationen enthielt. Dabei merkte ich, dass mein Herz doch noch sehr mit ihnen allen verbunden war.

Doch wer ist eigentlich Ednei? Wenn er mir schreibt, dann unterschreibt er seinen Brief immer mit: „*Viele Grüße von Ihrem geistlichen Sohn Ednei.*" Ja, er gehört zu meinen geistlichen Kindern, die durch meinen Dienst gesegnet wurden und eine persönliche Entscheidung für Jesus getroffen hatten.

Sehr genau erinnere ich mich noch an jenen Tag, als Ednei mit Tränen in den Augen vor der Tür meines Ambulatoriums stand und zaghaft fragte, ob ich Zeit für ihn hätte. Ja, die hatte ich, dachte aber, er habe sich verletzt, vielleicht durch ein Tier auf der Weide, wo er doch täglich Umgang mit Kühen hatte. Sein Vater hatte ihm schon sehr früh das Melken beigebracht. Und die Kühe waren nicht immer zahm.

Ednei beim Melken.

Auch mit den Pferden wusste er geschickt umzugehen. Man sah ihn oft mit seinem Vater oder auch allein „hoch zu Ross". Er zählte zu den Kindern, die jeden Sonntag in der Sonntagschule waren und aufmerksam das Wort Gottes aufnahmen. Bald würde er den Jugendkreis besuchen, alt genug war er.

Doch was mochte er jetzt auf dem Herzen haben? Stotternd kam es über seine Lippen: „Ich will Jesus in mein Herz aufnehmen, helfen Sie mir dabei?" Gerne war ich dafür bereit. Er war nicht der Erste, der mit dieser Bitte in mein Ambulatorium kam. So wurde der Raum, der täglich für viele Hilfesuchende eine Anlaufstelle war, auch oft zu einer geistlichen Geburtsstätte, wo wir im Gebet den Namen des Herrn anriefen. Wenn das nicht möglich war, hatten wir in unserem kleinen Wohnzimmer eine gute Ausweichstelle, dies zu tun. Ednei hatte erkannt, dass er Jesus für sein Leben brauchte. Was ihn an Schuld und Sünde bedrückte, hatten wir betend vor Jesus gebracht und ihm für seine Vergebung gedankt. Es war ihm auch klar, dass Jesus nicht nur der Abladeplatz für seine Sünde war, sondern nun einen Anspruch auf sein ganzes Leben hatte. Erst kürzlich hatte er mich wieder einmal wissen lassen, dass er diese lebenswendende Stunde nie vergessen würde. Er konnte mir heute, an meinem Geburtstag, noch die Bibelverse sagen, die ihm aus unserem Gespräch wegweisend und glaubensstärkend für sein weiteres Leben geworden waren.

Es war ihm eine große Freude gewesen, sich in unsere Musikgruppe einzureihen. Er wurde zu einem guten und eifrigen Flötenspieler. Meine jeweiligen diakonischen Helferinnen fanden in ihm einen willigen und lernbereiten Schüler.

Dadurch, dass er ganz in unserer Nähe wohnte, war er auch schnell zu erreichen, wenn ihn sein Vater entbehren konnte und er nicht gerade in der Schule war. Das Lernen fiel ihm nicht schwer. Darum hatte er auch noch diesen und jenen Weiterbildungskurs belegt. Er hatte sich auch eine elektronische Orgel zugelegt, um die Lieder im Gottesdienst begleiten zu können.

Doch Ednei blieb nicht der Einzige in der Familie, der sein Leben unter die Führung Jesu stellte. Auch seine Mutter, Dona Dorquinha, kam mit der Bitte, Jesus ganz zu gehören und ihm zu folgen, zu mir ins Ambulatorium. Fast alle Tage konnte man sie am Waschtrog laut ihre Jesuslieder singen hören. Die ganze Nachbarschaft konnte das wahrnehmen. Das war ein mutmachendes Zeugnis von Jesus für viele. Dona Dorquinha wurde uns eine gute Stütze

Christiane mit Ednei und Ana Claudia.

in der Frauenarbeit. Sie war sehr geschickt im Nähen und war mit einigen Frauen immer zum Helfen bereit. Am Sonntag kamen sie und Ednei selbstverständlich mit der Bibel in der Hand zum Gottesdienst.

Dona Dorquinha mit Ednei und Vania.

Als die Zeit kam und ich meine Zelte abbrechen musste, hatten wir betend überlegt, wie die Arbeit weitergeführt werden könnte. Missionar Kahl war mit seiner Familie schon vor fünf Jahren abgelöst worden. So hatte ich neben der sozialen Arbeit auch die Verantwortung für die gesamte Kirchenarbeit. Es war mir klar, dass ich neue Prioritäten setzen musste. Wie sollte das aussehen? Keine Geburten mehr, bei denen ich so gerne half? Nein, das konnte nicht sein!!! Ich hatte versucht, meinen Dienst „geteilt" zu verrichten, doch das war auf die Dauer einfach nicht möglich. Es war mir schwer ums Herz und ich hatte Gott um klare Weisung gebeten. Erneut durfte ich erleben, dass Gott ein wunderbarer Planer ist und alles fein zu seiner Zeit tut.

Was in all den Jahren meines Dortseins nicht geschehen war, wurde Realität: Es wurde vom Staat eine Erste-Hilfe-Station eingerichtet, die ärztlich überwacht wurde. Die Krankenhäuser in den Städten wurden vom Staat mit Subventionen bedacht, sodass auch arme Menschen ein Anrecht hatten, behandelt zu werden, und dort ihre Kinder zur Welt bringen konnten. Das alles war zunächst ein Prozess, der gewöhnungsbedürftig war und manches Stöhnen hervorrief. Da war manche mutmachende Zuwendung nötig.

Wir strebten auf allen Stationen schon länger an, die Missionsarbeit mehr und mehr in die Hände der einheimischen Brüder und Schwestern zu legen. Dazu waren neue Strukturen nötig.

Schon viele Monate zuvor hatten wir sechs Jugendlichen aus unserer Arbeit die Möglichkeit angeboten, einen Bibelkurs zu belegen, der die Frage beinhaltete: „Wie werde ich ein bewährter Mitarbeiter?" Alle sechs hatten den Kurs belegt und auch einen guten Abschluss erzielt. Vier von ihnen erklärten sich dann bereit, die Jugendarbeit weiterzuführen. Unter ihnen waren auch Ednei und Aginaldo. (Von Aginaldo habe ich im ersten Buch berichtet.) Den Predigtdienst wollte zunächst ein brasilianischer Mitarbeiter übernehmen. Die soziale Arbeit der Krankenpflege und der Geburtshilfe wurde von der Kreisstadt Querencia abgedeckt.

Ednei ganz rechts, daneben Aginaldo.

So wusste ich die Arbeit zunächst in guten Händen. Dennoch fiel mir der Abschied nicht leicht. Ich musste meinen Leuten Mut machen zum Durchhalten und brauchte selbst auch ein starkes Herz. Aufgrund meiner Ablösung stimmten sie ein Klagelied an: „Erst nimmt man uns den Vater weg und jetzt auch noch die Mutter unseres Volkes! Wie sollen wir das verkraften?" Ich hatte sie damit getröstet, dass ich sie, wenn es Gottes Wille war, in zwei Jahren wieder besuchen würde und dann bestimmt auch Zeit für den einen und anderen persönlichen Austausch hätte.

Und das schenkte Gott. Die Wiedersehensfreude war unbeschreiblich groß, sodass sie beim Abschied sagten: „Wir lassen dich gerne wieder ziehen, denn du kommst ja wieder!"

Das ist bis jetzt sechsmal geschehen und hat immer große Freude und Dankbarkeit ausgelöst. In der

Zwischenzeit lässt mich Ednei dann und wann am Gemeindeleben teilhaben. Das stärkt die Verbundenheit.

Kommst du wirklich wieder?

Missverständnisse zum Schmunzeln

O, diese Frachter! Kaum einmal hielten sie ihre Abfahrts- oder Ankunftszeiten ein! Man musste immer auf Überraschungen gefasst sein. Entweder fuhren sie später als angegeben ab, oder sie erreichten schon vorzeitig ihren Zielhafen und mussten dann so lange vor Anker gehen, bis ein Anlegeplatz im Hafen frei war. Beides erlebte ich einige Male. So war eigentlich jede Reise ein Abenteuer, und das sah auf meinen sieben Schiffsreisen immer anders aus.

Meine erste Reise mit dem Schiff war auf einem deutschen Frachter gebucht. Schiffsreisen waren zu jener Zeit wesentlich preisgünstiger als Flüge. Heute ist es umgekehrt. Während meiner aktiven Dienstzeit in Brasilien reiste ich siebenmal mit dem Schiff, meistens mit einem Frachter, aber auch einige Reisen mit einem Passagierschiff, und siebenmal nahm ich das Flugzeug.

Meine Reise war für den 02.04.55 gebucht. Unsere damals verantwortliche Schwester der Marburger Brasilien-Mission wollte es sich nicht nehmen lassen, mich mit einigen Schwestern zum Hafen nach Bremen zu geleiten. Sie wollte mit dieser Reise auf der Rückfahrt gleich noch andere Dienste verbinden und hatte die entsprechenden Zugverbindungen schon herausgesucht und die verschiedenen Stationen benachrichtigt. Alles war gut vorbereitet.

Doch wie war sie entsetzt, als uns in Bremen auf der Schiffsagentur mitgeteilt wurde, dass das Schiff erst einen Tag später auslaufen würde! Was nun?

Das Mittagessen konnten wir jedoch auf dem Schiff einnehmen, und das war sehr pompös! Doch unserer verantwortlichen Schwester war die unvorhergesehene Reiseplanverschiebung offensichtlich auf den Magen geschlagen und hatte ihr allen Appetit genommen. Kein Wunder, dass sie laut dachte, was sie bewegte. Während uns der Steward den Nachtisch, einen schmackhaft zubereiteten Obstsalat, servierte, sagte sie laut und kopfschüttelnd: „Nein, so ein Durcheinander!" Da drehte sich der Steward um (der ja die Vorgeschichte nicht kannte), verbeugte sich tief und sagte: „Das ist Obstsalat, Schwester!"

Das war für uns alle ein auflockerndes, unvergessliches Missverständnis, denn schließlich waren wir ja alle betroffen. Damit das Abenteuer aber komplett werden sollte, brauchten wir alle nun auch noch ein Nachtquartier, das nicht vorgesehen war. Es ist wahr: „Wenn jemand eine Reise tut, dann kann er was erzählen!"

Eine andere Episode war folgende:

Gerade wurde ich verabschiedet mit den Worten: „Kleiner Russe, komm gut wieder! Wir brauchen dich noch!" Dieser Name hängt mir bis heute an. Wie war ich dazu gekommen?

Es war wenige Tage nach meiner ersten Ankunft 1955 in Brasilien. Wir hatten im Schwesternkreis mittags die Hauptmahlzeit eingenommen. Ich weiß nicht mehr, was es gab. Die Oberschwester, neben der ich als „Jüngste" saß, wurde ans Telefon gerufen und ich sollte mit dem Nachtisch beginnen. Da standen Platten auf dem Tisch mit schwarzen, bananenähnlichen Gebilden. Was mag das wohl sein?, dachte ich bei mir. Ich kam ja aus Ostdeutschland und kannte Bananen und Apfelsinen nur aus dem Bilderbuch. Doch jetzt war ich im Land der Bananen! Und die sollte ich bald in allen Variationen kennenlernen! Diesmal waren sie also schwarz und dick aufgeplustert. Es waren gedünstete Bananen, die man aufgeschnitten mit Zucker und Zimt isst und die ganz vorzüglich schmecken. Doch woher sollte ich das wissen? Ich nahm also eine in die Hand und wollte hineinbeißen, da lief mir auch schon der Saft an beiden Seiten des Mundes herunter und meine Schwestern brachen in schallendes Gelächter aus:

35

„Na, du kleiner Russe, bei euch isst man wohl die Bananen mit der Schale?" Da war mein neuer Name geboren, der sich bis heute gehalten hat. Es kommt nicht selten vor, dass mich eine Schwester anruft und fragt: „Ich wollte nur mal wieder wissen, wie es dem kleinen Russen geht? Bist du noch viel unterwegs?"

„Sind das *alles* Flöhe aus Ihrem Haus?"

Mein Geburtstag stand vor der Tür und ich wollte auch einige Jugendliche aus der Gemeinde einladen.

Was war geschehen? Ich kam ja aus Deutschland, wo es Mohnkuchen gab, den ich immer gerne gegessen hatte. Es war schon länger mein Vorhaben gewesen, einen Mohnkuchen zu backen. So richtig nach Mutters Art. Da schien mir mein zweiter Geburtstag in Brasilien, den ich in Ponta Grossa verbrachte, ein willkommener Anlass zu sein. Schon die Vorbereitung hatte mir viel Freude bereitet. Es war zu der Zeit schwierig, überhaupt Mohn aufzutreiben.

Doch wie war ich enttäuscht, als die Jugendlichen, die meine Gäste waren, die Kuchenplatte nur immer wieder anschauten und dankend ablehnten, ein Stück davon zu nehmen. Ob sie wirklich keinen Appetit hatten? Beim Verabschieden wurde das Geheimnis gelüftet, als eine Jugendliche fragte: „Schwester Ilse, entschuldigen Sie bitte, aber waren die Flöhe im Kuchen wirklich alle aus Ihrem Haus?" Diese Frage löste Gelächter und Verständnis zugleich bei mir aus.

Das war ein schwarz gepunktetes, köstliches Missverständnis.

Dann nahm sie gerne ihr Stück Kuchen mit nach Hause und bestätigte mir später beschämt und dankbar, dass der Kuchen köstlich war. Mohnkuchen war zu der Zeit in Brasilien nicht bekannt, aber Flöhe kannte jeder.

Wir hatten damals diese kleinen Plagegeister in rauen Mengen in unseren Häusern. Das war für mich nun eine Neuigkeit, denn die kannte ich von Deutschland nicht, sollte aber in den kommenden Jahren ausreichend Bekanntschaft mit ihnen machen. Oft musste ich nachts aufstehen und das Nachthemd wechseln, weil ich die kleinen Tierchen, die mich so quälten, einfach nicht entdecken konnte und zum Suchen zu müde war. Doch wenn es mir im Laufe des Tages einmal geglückt war, eine Anzahl von ihnen zu fangen, dann reizte es mich, ein Blumenkränzchen davon auf den nächsten Brief zu kleben und diesen in Richtung Heimat zu schicken. Man muss einfach allen Dingen etwas Positives abgewinnen, selbst wenn es die Flöhe sind!

So manches Mal musste ich daran denken, was jene Missionarin, die ich in meiner Kindheit sprechen gehört hatte, vom Missionsfeld u. a. von Läusen, Flöhen, Wanzen, Spinnen und anderem Ungeziefer berichtete. Damals hatte ich Gott ganz zaghaft, aber doch klar ein Ja für solch ein Leben gegeben, auch wenn ich es mir nicht vorstellen konnte. Doch bei diesem Ja ist es geblieben.

Eine behaarte, giftige Spinne.

Aber Missverständnisse gibt es nicht nur in Brasilien. Es war im Jahre 1974, während meines dritten Heimataufenthaltes in Deutschland. Da wurde ich von jemandem gefragt: „Sind Sie ‚Ossi' oder ‚Wessi'? Nach einem ‚Assi' sehen Sie jedenfalls nicht aus?" Was für Menschentypen gab es denn jetzt in Deutschland?, musste ich denken. Das waren neue Ausdrücke für mich. Ich war jedenfalls Deutsche. So stand es in meinem Reisepass. Es blieb mir nichts anderes übrig, ich musste mich mit einem neuen Vokabular auseinandersetzen, das unter dem Volk kursierte.

Ich war zu Missionsdiensten in und um Berlin eingesetzt. Westberlin war für mich „Ossi"-Neuland. Kurz zuvor war die Nachricht durch die Welt gegangen, dass der amerikanische Präsident Richard Nixon nach nur fünfjähriger Präsidentschaft zurückgetreten war. In Brasilien hatte ich noch nichts davon gehört. Wer würde sich auch dort dafür interessieren? Aber in Deutschland war der Name Nixon noch Gesprächsthema.

Gerade hatte ich meinen Schwestern etwas von meinem Missionsalltag erzählt. Da kam das Gespräch auch auf Schlangen. Die verantwortliche Schwester wurde für kurze Zeit aus dem Zimmer gerufen, während wir uns weiter über Schlangenerlebnisse unterhielten. Als sie wiederkam, fragte sie: „Was sagt ihr denn zu Nixen?" (Sie meinte natürlich Nixon.) Meine Antwort war: „Die gibt es bei uns nicht, an die glauben wir nicht." Das war auch eins der Missverständnisse, das uns zum Schmunzeln und Lachen brachte. Doch das Nächste folgte gleich, als mich die Oberschwester einlud, mit zum Alex zu gehen. Meine Frage war: „Wer ist das denn? Ist das auch so einer wie Nixon?" Wieder gab es ein herzliches Gelächter. Sie hatte natürlich nur den Alexanderplatz gemeint.

Wir saßen am Kaffeetisch, als mich eine Schwester höflich fragte: „Was möchtest du denn für Milch? Möchtest du Kuhmilch oder lieber Bärenmilch? Meine Antwort: „Ich bleibe bei Kuhmilch." Aber wundern musste ich mich doch: Trank man denn in Deutschland jetzt schon Bärenmilch? Ich hatte bis dahin noch nichts von der „Bären-Marke" gehört.

Ja, das sind Missverständnisse zum Schmunzeln. Und es waren nicht die Einzigen.

Nach mehreren Monaten intensiven Reisedienstes mit vielen frohmachenden Gotteserlebnissen stand meine Wiederausreise bevor. Sie war bis Santos gebucht worden. Diesmal wollte mich Schwester Paula Scheidig abholen, die zu der Zeit unsere verantwortliche Schwester in Brasilien war. Sie wollte bekann-

39

te Familien in Sao Paulo besuchen und damit gleich den Abholdienst verbinden, denn von dort war es nicht mehr weit bis nach Santos.

Unser Frachter näherte sich dem Zielhafen. Doch es war noch kein Anlegeplatz frei. Die Anker wurden gesetzt, damit das Schiff nicht wieder ins Meer getrieben würde. Schwester Paula brauchte einen Passagierschein, um an Bord kommen zu können. Diesen konnte nur der Steuermann ausstellen. Ich gab also ihren genauen Namen an. Doch der Steuermann wusste wohl mit dem Namen nichts anzufangen, weil sich angeblich ein Herr nach mir erkundigt hatte. So schrieb er einfach: „Senhor Paul" anstatt „Paula" auf den Passagierschein und nach kurzer Zeit stand nicht Schwester Paula, sondern Missionar Hery vor mir, der sich in Senhor Paul verwandelt hatte.

Das war ein Missverständnis besonderer Art, mir zur großen Freude und auch zur Hilfe, wie sich bald herausstellen sollte. Herr Hery sagte mir dann, dass Schwester Paula aus irgendeinem Grund nicht kommen konnte und weil er gerade dienstlich in dieser Gegend unterwegs war, hatte sich die Möglichkeit angeboten, mich abzuholen. Doch vorerst konnte er sich über eine geräumige Kabine mit allem Komfort freuen und auch die Mahlzeiten mit mir einnehmen. Das war ein großzügiges Angebot der Schifffahrtsdirektion. Wir nahmen es als freundliche Fügung unseres Gottes dankbar an.

Am nächsten Tag durften wir erneut erleben, wie uns Gott gnädig zugewandt war. Herr Hery hatte die Erlaubnis erhalten, mich in die Halle der Zollabfertigung begleiten zu dürfen, was sonst nicht üblich war. Der uns zugeordnete Zöllner war sehr human und nett. Er hatte viele Fragen betreffs meiner Person und meines Dienstes in Brasilien und ich konnte ihm mit großem Freimut Jesus Christus bezeugen, dem ich gehöre und diene. Dabei hatte er bald das eine, bald das andere Päckchen in der Hand. Aufzumachen brauchte ich nur eins, welches ausgerechnet an Herrn Hery adressiert war, der neben mir stand. Das war auch eine gnädige Fügung. Es wurde nichts verzollt. Und ich hatte neben allen persönlichen Sachen nicht wenige kleine und große Mitbringsel für die Missionare und andere Leute in meinem Gepäck, die der Missionsleitung einen Auftrag gegeben hatten, bei der nächsten Gelegenheit dies oder jenes mitzuschicken.

Als wir dem freundlichen Beamten wenigstens einen kleinen Geldbetrag zukommen lassen wollten, lehnte er rigoros ab. Ich wurde an den Zöllner Zachäus erinnert, von dem die Bibel in Lukas 19 berichtet. Ob der auch so gehandelt hätte? Doch sein betrügerisches Leben hatte sich ja nach der Begegnung mit Jesus radikal verändert.

Da fiel mir ein, ich könnte unserem Zöllner einen schönen Herrnhuter Weihnachtsstern schenken, von denen ich etliche im Gepäck hatte. Damit hatte ich sein Herz erreicht und seine Freude war groß und unsere auch. Sehr dankbar war ich auch dafür, dass Herr Hery das ganze Gepäck in seinen großen Wagen laden und wir damit Transportkosten sparen konnten.

Mit einem dankbaren Herzen traten wir unsere

Heimfahrt ins 1000 Kilometer entfernte Curitiba an, wo wir schon erwartet wurden.

Wir konnten nun mit allen Missionsgeschwistern die große Treue Gottes rühmen und ihm für alle sichtbar erfahrene Hilfe danken.

Glaubst du an Wunder?

Diese Frage wurde mir schon oft gestellt und ich kann sie immer wieder nur mit „Ja" beantworten, weil mein Leben voller Wunder ist. Besser gesagt, ich glaube an Gott, der Wunder tut.

Es bleibt mir unvergesslich, was wir vor über 60 Jahren nach dem schweren Bombenangriff am 3. April 1945 auf unsere Kinderklinik in Nordhausen erlebten. Unsere Klinik lag in Schutt und Asche, 40 Schwestern und 160 Kinder unter den Trümmern verschüttet. Gott hatte uns alle am Leben erhalten. Allein das war ein großes Wunder.

Doch wie war es nun mit der Versorgung der Kinder? Der Bombenangriff erfolgte gegen 17.00 Uhr. Es war inzwischen dunkel geworden und uns war klar, dass wir die Nacht unter den Trümmern zubringen mussten. Die Kinder schrien und hatten Hunger. Sie waren es ja gewöhnt, immer pünktlich ihre Flaschennahrung zu bekommen. Und jetzt? Das Unglaubliche war geschehen: Der große Kühlschrank, der in der Milchküche seinen Platz hatte, ragte wie ein Denkmal ein kleines Stück aus den Trümmern heraus. In ihm waren die Säuglingsflaschen für 24 Stunden für alle Stationen aufbewahrt. Jede Flasche hatte die Nummer des Kinderbettes, sodass keine Verwechslung vorkommen konnte. Wir buddelten den Kühlschrank frei und erlebten das unbeschreiblich große Wunder, dass alle Flaschen (und diese waren aus dünnem Jenaer Glas!) unversehrt vor uns standen! Nicht eine einzige war entzwei!

Gott musste einen Schutzwall von Engeln um und über den Kühlschrank gestellt haben!

Unter Tränen dankten wir Gott für sein großes Erbarmen mit uns. So konnten wir die Kinder noch bis in den nächsten Tag hinein mit Nahrung versorgen. Da kamen dann auch schon die ersten Eltern und Angehörigen, um ihre Kinder abzuholen. Sie waren unendlich dankbar dafür, dass sie am Leben geblieben waren. Alle anderen Kinder brachten wir Schwestern in das acht Kilometer entfernte Auffanglager nach Buchholz, das dafür vorgesehen war. Es regnete in Strömen, doch der Gott, der uns alle am Leben erhalten hatte, gab uns auch die Kraft für diesen Kindertransport. Eine Kette von kleinen und großen Wundern folgte, an die ich dann und wann erinnert werde und die mein Herz zum Innehalten und Danken bewegt.

Jetzt mache ich einen großen Sprung nach vorne. Auf einer meiner letzten Besuchsreisen nach Brasilien hatte ich auch einige Besuche auf meiner letzten Missionsstation in Porto Brasilio gemacht, die ich vor gut zehn Jahren verlassen hatte. Kurz vor meiner Rückreise von Querencia nach Curitiba drückte mir jemand zwei Umschläge in die Hand und sagte: „Die kommen von der Bank, die schon ein paar

Monate nicht mehr besteht. Da musst du viele Steuern zahlen." Ich war nicht wenig erschrocken. Wie war das denn möglich? Ich lebte doch schon seit über zehn Jahren nicht mehr in Brasilien! Und vorher brauchte ich nie Steuern zu zahlen. Ich steckte die Umschläge in die Tasche und wollte sie eigentlich vernichten, zumal die Bank angeblich gar nicht mehr existierte (die Welt der Fusionen hatte inzwischen auch in Brasilien Einzug gehalten und so waren Handelsketten und auch Banken zusammengelegt worden).

Bis zur Abfahrt meines Busses war noch etwas Zeit. Ich war gerade in der Apotheke, als sich ein heftiges Gewitter zusammenbraute und schon blitzte und krachte es und die Hagelkörner lagen auf den Straßen. Das Unwetter wütete über uns.

Unter den Leuten, die schnell in der Apotheke Zuflucht gesucht hatten, war auch Dona W., eine Frau, die zu meiner Zeit bei der besagten Bank an der Kasse gesessen hatte. Sie wohnte jetzt in einer anderen Stadt und arbeitete wieder bei einer Bank. Die Wiedersehensfreude war groß! Sie hatte Angehörige besucht und war nur an diesem einen Tag in Querencia. Des Unwetters wegen konnte sie nicht zurückfahren. Ich zeigte ihr die beiden Umschläge. Sie betrachtete sie genau und sagte: „Schwester Ilse, Sie brauchen nichts zu zahlen, sondern Sie bekommen Geld." Das konnte ich erst recht nicht begreifen.

Kurz bevor ich 1993 nach Deutschland aufgebrochen war, hatte ich meine Sparkonten aufgelöst, denn nun brauchte ich ja keine Medikamentenrechnungen mehr zu bezahlen. Für mich schien alles korrekt gewesen zu sein. Jetzt sagte mir Dona W. „Ja, Schwester Ilse, das stimmt, aber wir hatten Ihnen nur die Summe ausgezahlt, die vor dem Komma stand. Das machen wir bei allen Kunden so. Wir zahlen keine Pfennige aus." Die Pfennige hinter dem Komma waren also stehen geblieben und hatten in den zehn Jahren Zinsen gebracht.

Gott kümmert sich auch um unsere zurückgelassen Pfennige! Da immer noch eine schleichende Inflation im Lande war, ergab die Summe umgerechnet 65,00 Euro. Welch ein Wunder! So können auch Segensspuren in einer Inflation liegen! Doch wie kam ich jetzt an dieses Geld? Auch da wusste Dona W. Rat: „Auf der Zentralbank in Curitiba können Sie es abheben!" So geschah es dann auch.

Ja, Jesus kümmert sich auch um unsere Pfennige und wenn er sie von Bank zu Bank, von Stadt zu Stadt, bis in die Hauptstadt auf die Zentralbank rollen und sie uns „zu seiner Zeit" umgewandelt wieder auszahlen lässt! Da musste es donnern und blitzen und hageln, damit Gott mich noch zur rechten Zeit, kurz vor meiner Rückreise, mit der richtigen Person zusammenführen konnte!

Es scheint Gottes großzügige Art zu sein, uns mit einem Wunder zu beschenken, wenn wir gar nicht damit rechnen!

Von noch einem Wunder will ich erzählen: Gestern war der 9. November 2007! Ein denkwürdiger Tag! Ein Gedenktag tiefer Trauer und auch ein Tag großer Freude. In den Medien wurde an den Holocaust 1938 erinnert, als Tausende von Juden getötet wurden!

Aber es war auch ein Gedenktag großer Freude, denn am 9. November 1989 fiel die Berliner Mauer, ohne Kampf und Blutvergießen.

Das war und ist ein unumstrittenes, großes Wunder, das kein Mensch erklären und analysieren kann. Man muss es einfach glauben!

Wie gegenwartsnah stand mir der 13. August 1961 noch vor Augen! 1961 durfte ich nach 6 ½ Jahren das erste Mal zum Heimataufenthalt nach Deutschland reisen. Große Freude erfüllte mein Herz. Doch diese wurde tief getrübt, als ich in Marburg im Radio hörte, dass am 13. August 1961 „die Mauer in Berlin" errichtet wurde. Ich bekam zunächst keine Einreiseerlaubnis in die DDR, obwohl ich sie legal verlassen hatte.

Nach 6 ½ Jahren heimzukommen und nicht nach Hause zu dürfen, musste erst einmal verkraftet werden. Doch dann tat sich einige Monate später ein Weg auf, sodass ich meine Angehörigen für eine begrenzte Zeit besuchen konnte. Das war geschenkte, große Freude und ein Wunder zugleich!

Meistens wurde die Zeit der Heimataufenthalte so gelegt, dass ich übers Jahresende bleiben konnte, damit ich im neuen Jahr noch einmal Gelegenheit hatte, meine Angehörigen kurz zu besuchen.

Den 9. November 1989 erlebte ich in Brasilien. Auch dieser Tag stand mir noch sehr lebendig vor Augen. Es war zunächst ein Tag wie jeder andere auch. Doch einen Tag später erzählten mir die Menschen aus der Nachbarschaft, die einen Fernseher hatten: „Schwester Ilse, bei Ihnen in Deutschland ist etwas los! Da sind so viele Menschen auf dem

Bildschirm und jubeln! Da hat die Mauer ein Loch! Und Grenzen sind geöffnet worden!"

Ich beschwichtigte sie und sagte, dass das bestimmt nicht Deutschland sei, denn unsere Mauer sollte nach Aussage des Staatschefs 100 Jahre stehen bleiben! Doch sie blieben bei ihrer Behauptung. Es war eine regelrechte Menschenkette, die zu mir kam, alle mit derselben Nachricht: „In Deutschland gibt es keine Mauer mehr!"

Das zu glauben, fiel mir wirklich schwer. Aber es war wahr. So beschloss ich, dass dieses Ereignis gefeiert werden musste, auch wenn ich viele Tausend Kilometer vom Geschehen entfernt war.

Ich backte eine große Pizza und lud die Nachbarn ein, mit mir den „Mauerfall" zu feiern.

Zwischendurch wollten sich leise Zweifel in meinem Herzen einnisten. „Und wenn es doch nicht wahr ist?" Nun, dann haben wir eben alle einmal zusammen Pizza gegessen.

Ich dachte bei mir, oft beten wir für ein Wunder und wenn es wirklich geschieht, können wir es nicht glauben. Das hat mich gelehrt, nicht nur an Wunder schlechthin zu glauben, sondern vielmehr an den Gott, der allein Wunder tun kann.

Wir lesen in Psalm 77,15: *Du bist der Gott, der Wunder tut, du hast deine Macht bewiesen.*

Besuch! Freude! Überraschung?

Meine erste Missionsstation war Curitiba. Da sollte ich Herrn Missionar Grischy zur Seite stehen, der

sich damals bei einem Verkehrsunfall das Bein gebrochen hatte. Mit seiner Frau und einigen Ge-
meindegliedern machte ich fast täglich Haus- und
Krankenbesuche und lernte so das Leben in der
Millionenstadt ein wenig kennen. Ein Wörterbuch
und mein brasilianisches Neues Testament hatte ich
immer bei mir, denn ich wollte doch so schnell wie
möglich den Sprachberg erklimmen. Doch da war
viel Geduld erforderlich.

Ich wurde für die Jugendarbeit eingesetzt. Aber
schon nach einem Dreivierteljahr, im Februar 1956,
kam ich auf meine zweite Station, nach Ponta
Grossa, wo ich zuvor eine Evangelisation von 17
Tagen in unserer deutschen Missionskirche gehalten hatte. Herr Missionar Jucksch war hier statio-
niert, den ich während der Zeit des Deutschland-
aufenthaltes vertreten sollte. Nur vier Tage war ich
mit ihm zusammen, bevor er seine Reise antrat.

Ponta Grossa war damals noch eine zweisprachige
Arbeit, deutsch und portugiesisch. Hier hatte ich
eine gute Gelegenheit, meine portugiesischen
Sprachkenntnisse zu erweitern, denn Herr Jucksch
legte mir sehr ans Herz, das junge Pflänzchen der
brasilianischen Arbeit nicht sterben zu lassen. Außerdem machte er mir Mut, einen schriftlichen Fern-
kurs zu belegen. Das war eine besondere Herausfor-
derung, weil es neben dem hauptamtlichen Dienst
geschehen musste.

Alle Dienste hatte ich in zwei Sprachen zu verrichten. Da war ich manchmal froh, dass der Tag
nicht nur zwölf Stunden hatte, denn ich brauchte ja
auch Zeit zur Vorbereitung. Doch es hat sich ge-

lohnt, auch wenn ich mich oft fühlte, als hätte man mich in einen Teich geworfen. Es gab nur einen Ausweg: Schwimm oder geh unter! Aber Gott ließ mich nicht untergehen, sondern er segnete mich über Bitten und Verstehen. Da wurde mir der Dienst der Wortverkündigung, den ich schon in Deutschland reichlich ausgeübt hatte, zu einem großen Gewinn. Und wieder durfte ich erleben, dass jeder Dienst Vorbereitung für den Nächsten war.

Nach der Rückkehr von Familie Jucksch hatten wir die große Freude, Besuch aus Deutschland zu empfangen. Eine Oberin aus Marburg, die mit Familie Jucksch sehr verbunden war, wollte uns für ein paar Tage besuchen. Das war im Jahr 1957. Damals fuhr der Omnibus vier bis fünf Stunden auf der löchrigen Erdstraße von Curitiba nach Ponta Grossa. Man konnte die Fahrt aber auch mit der Schmalspurbahn machen, die kurze Zeit zuvor eingeweiht worden war. Wenn man Glück hatte und die Bahn nicht in einer Kurve entgleiste, bestand sogar die Chance, dass man sein Reiseziel erreichte.

Die Oberin wollte gerne einmal mit der brasilianischen Eisenbahn fahren. Sonst gab es in Brasilien fast nur Omnibus- oder Flugverkehr.

Der Reisetag lag fest und genau am Vortag war der Zug wieder verunglückt! Da ging ich am nächsten Morgen zum Zugführer und bat ihn, doch bitte vorsichtig in die Kurven zu fahren, sonst würde unsere Oberin einen schlechten Eindruck von Brasilien nach Deutschland mitnehmen. Er zog seine Mütze und sagte mit freundlicher Miene: „So Gott

49

will, wird der Zug nicht umkippen. Wir kümmern uns um Ihre Oberin!"

Und so war es auch. Die Oberin erzählte hernach, dass sie noch nie im Leben eine solche Bahnfahrt gemacht hätte. Auf jeder Station sei jemand vom Zugpersonal gekommen und habe das Abteil mit einem Reisigbesen gefegt und mit dem Staubwedel den Staub verteilt, der durch das Fegen erst recht aufgewühlt worden war. Das war eine Zugfahrt mit Gymnastik, denn sie musste immer ihre Füße anheben, damit gefegt werden konnte und den Kopf einziehen, damit der Staubwedel genügend Platz hatte, ohne Hindernis seine Arbeit zu verrichten, und sie den ganzen Staub nicht ins Gesicht bekam. Dann sind ihr vom Zugpersonal wiederholt zuckersüßer schwarzer Kaffee und belegte Schnitten und Kekse angeboten worden. Und alle seien extrem freundlich zu ihr gewesen. Nur leider habe sie die Freundlichkeit nicht mit portugiesischen Worten erwidern können.

In Curitiba angekommen, ließ der Zugführer es sich nicht nehmen, ihr beim Aussteigen behilflich zu sein und ihr eine gute Weiterreise zu wünschen. Ja, damals!

Wenige Tage später wurde der Zugverkehr wieder eingestellt. Damit waren diese abenteuerlichen Fahrten mit einem Mal beendet. Man legte nach und nach gute Asphaltstraßen an und große Omnibusbahnhöfe für den Fernverkehr. Auch der Inland-Flugverkehr wurde mehr und mehr ausgebaut. Doch alles brauchte seine Zeit.

Es machte einen großen Unterschied, ob man Be-

such in einer Stadt oder auf einer der Missionsstationen bekam. So erlebte ich es auf meiner letzten Missionsstation in Porto Brasilio, am großen
Paranafluss. Dort sollte ich, zusammen mit Missi-
onsehepaar Martin Kahl, noch einmal eine Pioniers-
station mit aufbauen. Familie Kahl war schon ein
halbes Jahr vor mir da. Ich kam im Februar 1977
dazu und hatte zunächst im Hause Kahl meine Un-
terkunft. Das Gemeindehaus, das Ambulatorium
mit Kreißsaal und dem privaten Wohnbereich für
mich waren noch im Bau. Trotzdem gab es schon
sehr viel zu tun. Die kleine Werkstadt von Herrn
Kahl wurde vorübergehend mein Entbindungs-
zimmer, ein Abstellraum zur Apotheke und die
Überseekisten wurden zu willkommenen Medikamentenregalen. Eine Bank aus dem VW-Bus diente als Untersuchungsbett und die Garage als Warte-
zimmer. Die Menschen kamen von nah und fern,
um behandelt zu werden.

Eines Tages hieß es: Wir bekommen Besuch! Eine
Gruppe vom EC-Verband aus Deutschland mit den
beiden verantwortlichen Brüdern Konrad Brandt
und Siegfried Geppert waren auf dem Weg nach Porto Brasilio. Das war im März 1977. Wir standen mitten in der Aufbauarbeit. Welch eine Überraschung! Ein
Gemisch von Freude und Sorge vermischte sich in
unseren Herzen. Wo sollten wir sie alle unterbrin-
gen? Was geben wir ihnen zu essen? Hoffentlich
kommt nicht gerade eine Frau zur Entbindung. Und
hoffentlich regnet es nicht, damit sie wirklich mit
dem Bus bis hierher kommen können.

Sie kamen! Und wir hatten ein wunderschönes,

abenteuerliches Zusammensein. Ich hatte für alle, es mögen ungefähr 30 Personen gewesen sein, Pizza gebacken. (Davon schwärmten die Teilnehmer bei späteren Begegnungen in Deutschland immer noch!)

Wir hatten zu der Zeit noch kein elektrisches Licht. Dafür erhellte eine Gaslampe den Raum. Doch diese machte sich plötzlich selbstständig und fiel auf den Boden und es war stockdunkle Nacht um uns herum. So plauderten wir im Kerzenschein weiter, bis uns die Müdigkeit übermannte und alle irgendwo auf dem Fußboden ein Nachtlager fanden.

Nur für Frau Brandt hatten wir ein provisorisches Bett, nämlich auf einigen Säcken im „Geburtszimmer", der Werkstadt von Herrn Kahl. Dort hielt sie es allerdings nicht lange aus, weil sich plötzlich lauter Ameisen einstellten, die sie in die Flucht trieben. Doch den Rest der Nacht verbrachten alle gut unter dem Kreuz des Südens, das uns immer wieder einmal durch die Fenster grüßte.

Am nächsten Tag hielt uns Herr Geppert eine gesegnete Bibelarbeit. Das war Erquickung in der Oase! Dann galt es auch schon wieder Abschied zu nehmen. Doch diese wunderbare Begegnung ist uns allen in dankbarer Erinnerung geblieben.

Weil wir auf der entferntesten Missionsstation lebten (fast 700 km von der Hauptstadt unseres Bundesstaates Curitiba entfernt), die außerdem oft nur mit abenteuerlichen Fahrten zu erreichen war, hatten wir in den ersten Jahren selten einmal Besuch. Doch wenn Besuch kam, war es immer ein Freudenfest, wenngleich die Spannung auch nicht auszuklammern war.

52

Einmal mussten wir unseren Besuch mitten in der Nacht wecken und mit ihm in Windeseile aufbrechen, um noch die asphaltierte Kreisstadt zu erreichen, weil sich ganz plötzlich ein wolkenbruchartiger Regen über uns entladen hatte. Dabei sind wir auf dem Weg nach Querencia (27 Kilometer) einige Male tief im Schlamm stecken geblieben. Solche Abenteuer waren immer gratis!

1988 erhielten wir noch einmal Besuch von einer Reisegruppe mit 30 Missionsfreunden unter der Leitung von Herrn Keupp und Herrn Grabowski. Das war etwas Besonderes für uns und alle Reiseteilnehmer! Unsere Kinder jubelten: „So viele Deutsche auf einem Haufen!" Die Bonbons, die ihnen von den Deutschen geschenkt wurden, wollten nicht reichen. Doch das war für unsere Kinder kein Grund zur Besorgnis. Sie wussten sich zu helfen, indem sie die Bonbons zerbissen und einem anderen Kind ein Stückchen davon in den Mund steckten. So wurde das Problem still und tränenfrei gelöst.

Eine leuchtende Spur mitten in allem Dunkel.

Sonnenuntergang über dem Paraná.

Unsere Besucher hatten eine Flussreise auf dem großen Paranáfluss auf ihrem Programm stehen. Wir hatten dafür zwei bewährte Fischer gewinnen können, die uns ihre Boote zur Verfügung stellten. Die Gruppe hatten wir geteilt, sodass in jedem Boot etwa 15 Personen waren. Als Dolmetscher zur sprachlichen Verständigung war Herr Gumbel in einem Boot und ich im anderen.

Eine abenteuerliche Fahrt stand uns bevor, die wohl keiner, der sie miterlebt hat, vergessen wird: Acht Stunden Bootsfahrt, auf schmalen Brettern sitzend, zuerst bei drückender Hitze und stechender Sonne und frohem Gesang, dann bei aufkommendem Sturm, schwankendem Boot und aufpeitschendem Wellengang, den wir durch die Kleidung bis auf die Haut zu spüren bekamen! Da verstummte aller Gesang. Aber wir bestürmten Gott mit unseren Gebeten!

Während dieser abenteuerlichen Flussfahrt sahen wir Brüllaffen, wie sie von Ast zu Ast sprangen. Ihr Brüllen war nicht zu überhören. Auch einer großen zusammengerollten Klapperschlange begegneten wir mitten auf dem Fluss, die allem Anschein nach im Sturm von einem Baum geschleudert worden war. Doch Krokodile kamen uns auf dieser Fahrt nicht zu Gesicht!

Als wir mit Gottes Hilfe wieder das Festland erreicht hatten, kam noch ein heftiger Sandsturm auf, der uns den Sand in Augen, Ohren und Nase peitschte. Wie waren wir froh und von Herzen dankbar, als wir im Gemeindesaal mit einem guten Nachtessen empfangen wurden! Der Busfahrer, der die eine Hälfte der Reisegruppe zum Übernachten in die Kreisstadt Querencia bringen sollte, hatte schon sehr auf uns gewartet, weil die Straßenverhältnisse durch den Regen nicht die besten waren.

Es war jedenfalls immer etwas Besonderes, wenn Besuch kam. Doch wenn er unerwartet vor unserer Tür stand, war die Freude meistens durchzogen von dem Gedanken: Was bieten wir ihnen zu essen an? Denn bei uns gab es außer ein paar kleinen Tante-Emma-Läden keine Geschäfte zum Einkaufen. Aber irgendwie wurden immer alle satt. Manchmal brachte sich der Besuch auch ein Verpflegungspaket mit und wir konnten alle davon profitieren.

Einige Male hatten wir Besuch von einer lieben gläubigen Frau aus München, der unsere Pionierarbeit am Paraná besonders am Herzen lag. Das hatte sie uns auch durch ihre große Opferbereitschaft bekundet. Wo sie nur konnte, war sie zum Helfen bereit. Gerne ließen wir sie an unserem Missionsleben teilhaben.

Für alle Glaubensverbindungen, die wir in den vielen Jahren erfuhren und die wir pflegen durften, sind wir von Herzen dankbar und befehlen unsere treuen Freunde der Gnade und Barmherzigkeit Gottes an. Möge der Friede Gottes sie umschließen und sein Segen auf ihnen ruhen!

Auf einem Foto bestaunt unser Besuch die üppige Mandiocawurzel und auf dem anderen sitzt die Frau neben mir im Boot auf dem Paranáfluss.

Mein Lebensmotto

Schon früh hatte die Schule des Lebens mich gelehrt, dass es bei kleinen und großen Entscheidungen immer auf die Motivation des Herzens ankommt. So hatte auch ich wie manch andere ein Lebensmotto. Es hieß nicht: „Edel sei der Mensch, hilfreich und gut" oder: „Kopf hoch und durch!" Es waren nur drei Worte: „Um Jesu willen."

Und diese Worte waren biblisch fundiert. Wir lesen in Matthäus 19,27-29 davon, dass Jesus zu seinem Jünger Petrus sagte:

Wer verlässt Häuser oder Brüder oder Schwestern oder Vater oder Mutter oder Kinder oder Äcker um meines Namens willen, der wird's vielfältig ererben.

Aus Liebe zu Jesus dieses zu tun oder jenes zu lassen, wurde immer prägender für mein Leben und bewahrte mich vor mancher Enttäuschung und Verbitterung und hat mich das Danken gelehrt. Es war darum auch keine Abenteuerlust, die mich nach Brasilien trieb. Die vielen Abenteuer, die ich erlebte, waren alle gratis, und zwar jedes Mal so, wie ich sie mir nicht vorstellen konnte.

In Brasilien begegnete ich vielen Menschen, die einmal auf irgendeinen guten Rat hin ihr Vaterland verlassen hatten und nach Brasilien ausgewandert waren. Die meisten von ihnen hatten sich nicht ausgemalt, wie schwer der Neuanfang in einem fremden Land sein würde. Sie mussten sich erst wieder eine neue Existenz schaffen. Dann war da noch die Sprachbarriere. Viele waren nicht mehr in der Lage, eine neue Sprache zu erlernen. Das ersparte und mitgebrachte Geld wurde schnell weniger, erst recht, weil ja über viele Jahre Inflation im Land herrschte und alle paar Jahre eine neue Währung eingeführt wurde. (Während der 38 Jahre meines aktiven Missionsdienstes herrschte immerwährende Inflation und ich lernte mehrere neue Währungen kennen: Mil Reis, Cruzeiro, Novo Cruzeiro, Cruzado, Real, um nur einige zu nennen.)

So blieb es nicht aus, dass sich viele Menschen mit Verbitterung und Enttäuschungen herumschlugen. Das konnte man an ihren Gesichtern ablesen. Manche irrten haltlos und entwurzelt umher. Sie glichen abgeschlagenen und entwurzelten Bäumen.

Andere warteten in den Hafenstädten sehnsüchtig auf eine Mitfahrgelegenheit in Richtung Heimat. Die meisten von ihnen waren einer Illusion gefolgt, die sich nicht hatte realisieren lassen. Ihre Motivation war auf die guten Ratschläge anderer gegründet. Das reichte nicht als Fundament.

Nicht nur einmal begegnete ich einer Familie, die

jahrelang Geld für eine Reise in die Heimat sparen musste. Eine Frau erzählte mir unter Tränen, was sie dabei erlebt hatte:

„Nach über 30 Jahren war es so weit, dass mein Mann und ich endlich eine Besuchsreise in die Heimat antreten konnten. Wir hatten vorher noch eine Kuh und ein paar Schweine verkauft, damit wir auch genügend Geld hatten, um unsere Verwandten zu besuchen. Und für alle hatten wir noch ein typisch brasilianisches Mitbringsel dabei. Doch wir sind bitter enttäuscht schon nach drei Wochen wieder zurückgekommen. Wie hat sich Deutschland doch in 30 Jahren verändert und unsere Angehörigen auch!

Unsere Mitbringsel wollten sie nicht, die waren ihnen zu einfach und geschmacklos. Sie hätten auch in ihren vornehm eingerichteten Wohnungen keinen Platz gehabt. Unser gerösteter Kaffee schmeckte ihnen nicht, den könne man nicht trinken. Der sei gerade zum Wegwerfen gut. Unsere Kleidung sei ihnen zu einfach, sie müssten sich ja schämen, wenn sie mit uns ausgingen. Außerdem hätte sie einen komischen Geruch an sich, so typisch nach Stall und Land.

Wir wollten uns wenigstens neue Schuhe kaufen. Doch die waren so teuer, dass wir dafür kein Geld mehr hatten. In Brasilien hätten wir noch die Möglichkeit gehabt, ein Paar Sandalen zu kaufen oder einfach barfuß zu gehen. Doch das war in Deutschland nicht möglich, denn da waren jetzt sogar die Feldwege asphaltiert!

Wir in Brasilien bieten allen Gästen wenigstens einen Kaffee oder Tee an, doch in Deutschland war kaum mehr etwas von Gastfreundschaft und Herzlichkeit zu spüren. Da scheinen die Jahre die Herzen verhärtet zu haben! Und viel Geld brauchte man, um mit dem Bus auch nur ein Stückchen zu fahren. Schwester Ilse, wir sind einfach bitter enttäuscht wieder zurückgekommen! Unser erspartes Geld ist weg, jetzt müssen wir von Neuem anfangen zu sparen, damit wir wenigstens hier durchkommen!"

Wie tat sie mir leid, jene bitter enttäuschte Frau. Ich sehe sie noch vor mir. Sie zählte zu unseren treuen Frauen in der Frauenstunde und hatte auch einige Male an einer Frauenfreizeit teilgenommen.

Wie tief steckt doch der Wunsch in unseren Herzen, es besser haben zu wollen. Er ist in jeder Kultur tief verankert, weil unser Herz überall dasselbe ist. Das machte mir folgendes Erlebnis sehr deutlich:

Dona L. war noch jung im Glauben. Sie hatte uns schon einige Male zu einer Bibelstunde in ihrer Wohnung eingeladen. Die Bibelstunde sollte am Abend sein, damit der Mann auch daran teilnehmen könnte. Sie wohnte ungefähr acht Kilometer von uns entfernt. Ich hatte noch eine Begleiterin bei mir. Die große Stube war mit einigen Bänken versehen, auf denen wir alle Platz hatten. Die Familie hatte zu der Zeit vier Kinder. Einige Nachbarn waren auch noch anwesend. Nur der Mann war nicht da. Beim Eintreten in den Raum fiel mir auf, dass da ein gepackter Koffer und einige Säcke voller Küchengeräte standen. Doch die störten uns nicht, und so sangen wir, lasen Gottes Wort und tauschten uns wie immer darüber aus.

Nach der Bibelstunde steckte die Frau ein geschlachtetes Huhn in einen Topf, um es zu kochen. Ich war nicht wenig erstaunt, erst recht, als ich erfuhr, dass die Familie in der Morgenfrühe aufbrechen wollte, um nach Paraguay zu reisen. Als Erklärung sagten sie: „Man hat uns gesagt, dass die Verdienstmöglichkeiten in Paraguay viel besser sind als in Brasilien. Dort liegt das Geld gewissermaßen auf der Straße." So hatten sie in Windeseile so viel wie möglich von ihren Sachen verkauft und wollten in wenigen Stunden nach Paraguay aufbrechen. Es fiel mir schwer, diesen Entschluss nachzuvollziehen. Familie Kahl ging es ebenso. Wir waren einfach traurig.

Dann und wann kam einmal jemand vorbei und brachte uns eine Nachricht. Die erste lautete: „Wir haben große Sehnsucht nach euch und nach der Kirche, wir hätten doch bleiben sollen!" Der Verdienst war wohl zunächst besser, aber weil einer nach dem anderen krank wurde, waren sie schnell bettelarm und wollten zurück. Das nächste Kind wurde geboren und bekam den Namen Ilza. Sie wollten mich nicht vergessen und sparten weiter für ihre Rückreise.

Eines Tages standen sie reumütig und bettelarm wieder vor uns und es musste ein Neuanfang gemacht werden. Diese und ähnliche Erfahrungen haben wir im Laufe der Jahre mehrfach gemacht. Da galt es, manche Enttäuschung zu verkraften, besonders wenn es sich um treue Gemeindeglieder handelte. Manche zogen aus Scham nach ihrer Rückkehr an einen anderen Ort oder schlossen sich einer anderen Gemeinde an.

Wenn jemand im Ort dutzendweise Eier oder auch

Hühner und Ferkel zum Verkauf anbot, konnte man damit rechnen, dass wieder jemand seine Zelte abbrechen wollte. Auch in den Gottesdiensten mussten wir wahrnehmen, dass ganze Bankreihen leer blieben.

Die Unbeständigkeit der Menschen brachte mich oft ins Nachdenken. Wie oft machten sie ihr Handeln von der Meinung und den Ratschlägen anderer abhängig.

Ich wollte mich an Gottes Wort halten und durfte immer wieder erleben, dass Gott zu seinem Wort steht. Es ist und bleibt für mich das Fundament meines Glaubens.

Um Jesu willen hatte ich meine Familie verlassen, auch meine Glaubensfamilie, und bin mit vielen Brüdern und Schwestern neu beschenkt worden. So ist Gottes Verheißung aus Matth. 19,29 in meinem Leben wahr geworden: *Wer verlässt Häuser, oder Brüder und Schwestern oder Vater oder Mutter ... um meines Namens willen, der wird's vielfältig empfangen.*

Zezinho

Ein hübscher junger Mann stand vor mir und fiel mir um den Hals. Wer mochte das sein? Ich war zunächst erschrocken und fragte ihn nach seinem Namen. „Aber, Schwester Ilse, ich bin Zezinho und bin gekommen, um Ihnen einmal herzlich für alle Korrekturen zu danken, die Sie mir mit auf den Weg gegeben haben. Was ich bin, bin ich durch Sie geworden."

Für Korrekturen hatte sich bis jetzt noch niemand bei mir bedankt. Doch als er seinen Namen nannte, war es so, als öffnete jemand ein Fenster und Zezinho stand vor mir, wie ich ihn erlebt hatte.

Zezinho.

Sein richtiger Name war Jose Luiz. Doch in Brasilien wird sehr häufig die Verkleinerungsform benutzt und so werden an viele Wörter die Endungen „inho" oder „zinho" angehängt. So heißt Zezinho zu Deutsch: Josephchen. Meistens behalten die Menschen ihren Kosenamen das ganze Leben. Nur in den Dokumenten steht der richtige Name, den aber viele nicht wissen. Doch das stört niemanden.

Ich konnte mich noch sehr gut an meine ersten Begegnungen mit Zezinho und seiner Familie erinnern. Er war damals neun Jahre alt und sollte eingeschult werden. Die Familie kam aus dem Inneren des Landes, wo es keine Schule gab. Und sie war sehr arm. Der Vater lebte vom Fischfang, der immer ein großes Wagnis war.

Die Mutter von Zezinho mit einigen Kindern in ihrer dürftigen Hütte.

Es kamen im Laufe der Jahre noch mehrere Geschwister hinzu, Zezinho war der Älteste.

Die Schule war nicht seine Welt, er spielte viel lieber oder half mir bei der Gartenarbeit, die er sehr gut verrichtete.

Eines Tages fragte er mich: „Schwester Ilse, muss der Mensch noch weiter als bis zehn zählen können?" Das bejahte ich natürlich. Doch wie sollte ich ihm das beibringen? Ich hatte ihm die Zahlen bis 20 vorgesagt, wir hatten sie mehrmals zusammen gesagt, dann hatte er sie allein wiederholt. Doch alles schien vergeblich. Ich lud ihn gegen Abend in meinen Jeep ein. Wir fuhren ein Stück und zählten die Fledermäuse und Eulen, die vor uns mal nach rechts, dann wieder nach links flogen. Immer wenn wir zehn gezählt hatten und die elfte in Sicht war, sagte Zezinho: „Schwester Ilse, da ist noch eine und dort kommt auch noch eine." Das war's.

Dann versuchten wir es mit Kakerlaken, die wir von Zeit zu Zeit in rauen Mengen hatten. Ich hatte am Abend vorher Gift gespritzt und am nächsten Morgen fanden wir einen regelrechten Friedhof von Kakerlaken vor. Wir knieten uns beide nieder und zählten. Bis zehn ging alles wie am Schnürchen, doch dann wartete Zezinho ein wenig und sagte: „Schwester Ilse, es sind immer mehr als zehn."

Das war keine ermutigende Bilanz. Schließlich versuchten wir es noch mit Streichhölzern, bis es endlich „klick" machte.

Nach einem Vierteljahr brachte Zezinho das erste Zwischenzeugnis nach Hause. Das sah traurig aus. Er hatte nur 29 Punkte! Aber um versetzt werden zu können, musste er nach Jahresabschluss 240 Punkte haben. Wie sollte er das schaffen? Von zu Hause konnte er keine Hilfe erwarten. Die Mutter hatte nie eine Schule besucht und der Vater, der die ganze Woche auf dem Fluss war, hatte sie in Abständen nur zwei Jahre besucht und konnte gerade seinen Namen schreiben.

So erteilte ich ihm, wenn möglich, jeden Tag Nachhilfestunden. Die Buchstaben lernte er schnell, doch mit den Wörtern war es schon schwieriger. Da saß er oft vor seinem Blatt Papier und wusste nicht, was er schreiben sollte. „Schwester Ilse, wird Frosch mit dem F von Fliege oder mit dem F von Pferd geschrieben?" Als das Problem geklärt war, kam das nächste. „Wird das F so herum (er zeigte nach rechts) oder so herum (er zeigte nach links) geschrieben?" Auch das Problem konnten wir lösen. Und wieder saß er überlegend vor seinem leeren Blatt Papier. Schließlich sagte ich zu ihm: „Zezinho, wir werden jetzt erst einmal beten." Darauf kam prompt seine

Antwort: „Schwester Ilse, ich habe schon für Sie gebetet." Dabei strahlte er über das ganze Gesicht. Ich kam mir entwaffnet vor.

Zu Hause übte er weiter und seine Mutter mit ihm. Erstaunlich war, dass die Zensuren von Mal zu Mal besser wurden und er tatsächlich versetzt werden konnte. Aber bis dahin sollten wir noch so manche Unterrichtsepisode erleben.

Am Ende hatte sich alle Mühe gelohnt! Das war wirklich ein Grund, Gott von Herzen zu danken!

Er wollte sich aber auch bei mir bedanken: Ich durfte mir eine selbst geerntete Wassermelone aussuchen.

Als ich kurze Zeit danach zum Heimataufenthalt nach Deutschland fuhr, bekam ich eines Tages einen Brief aus Brasilien, dessen Absender ich nicht kannte. Ich war tief bewegt, als ich nach dem Öffnen des

Briefes feststellen musste, dass es ein Dankesbrief von Zezinhos Mutter war, die durch die Nachhilfestunden, die ich ihrem Sohn erteilt hatte, auch das Schreiben gelernt hatte. Das Lesen hatte sie vorher schon bei unseren Hausbesuchen anhand der Bibel gelernt. Da hatte sie ihr Leben auch ganz bewusst unter die Führung Gottes gestellt. Das war uns ein Geschenk. Eine große Freude war, dass auch Zezinho ein Leben mit Gott führen wollte und glücklich über seine Bibel war, die ihm jemand geschenkt hatte.

Er hatte die Grundschule, ohne einmal sitzen zu bleiben, erfolgreich abgeschlossen. Darum wollte er sich nun für das Gymnasium einschreiben, das er in unserer kleinen Kreisstadt besuchen wollte. Abend für Abend fuhr er mit dem Schulbus nach Querencia, ungefähr 27 Kilometer weit. Tagsüber arbeitete er auf dem Feld. Das erste Jahr brachte er gut hinter sich, aber bis zum Abschluss musste er einige Male ein Schuljahr wiederholen.

Dann startete er ins Leben und eröffnete einen kleinen Tante-Emma-Laden. Als ich ihn auf einer meiner Besuchsreisen in seinem Laden antraf, war er sehr optimistisch und erzählte mir ganz stolz, dass er schon viele Kunden hätte. Er würde seine Ware einfach 50 Cent billiger verkaufen als die anderen, damit gewönne er Kunden und Geld. – Aber die Bibel habe er auch nicht vergessen!

Die meisten Menschen kauften ihre Ware jedoch auf Pump und eines Tages musste Zezinho den Tante-Emma-Laden wieder aufgeben und sich eine andere Arbeit suchen.

Darüber vergingen eine Reihe von Jahren. Nun stand er plötzlich vor mir und ich hätte den hübschen jungen Mann auf den ersten Blick nicht gleich als Zezinho erkannt. Inzwischen hatte er sich ein Haus gebaut und war glücklich verheiratet. Seine Frau Neuza lernte ich auch kennen, sie war Lehrerin. Ich konnte mich nur sehr freuen, wie schön und praktisch sie ihr kleines Häuschen eingerichtet hatten. Ein Gärtchen hatten sie sich auch angelegt und ich konnte nur staunen, wie sauber und einladend alles war. Die Salatpflänzchen standen schnurgerade. Dann waren noch Mandioca und Süßkartoffeln gepflanzt. Auch die Zwiebeln und andere Gemüsesorten standen gut. Und einige Bananenstauden säumten das Grundstück. Zezinho sagte zu mir: „Wenn ich etwas säe und pflanze, mache ich es so, wie ich es bei Ihnen gelernt habe, und jetzt möchte ich mit Ihnen Gott danken."

Ja, und das taten wir dann. Als Dank wollte er mir noch einen großen Kasch Bananen (ungefähr 20 Dutzend und noch mehr) mit nach Deutschland geben. Schade, dass das nicht möglich war, sonst hätte ich manche Missionsfreunde damit beglücken können!

Inzwischen haben sie mir ein Foto von ihrem ersten Söhnchen geschickt. Ich kann sie nur immer wieder betend dem Herrn Jesus anbefehlen. Er wird ihnen weiter den rechten Weg zeigen und sie in seiner Pflege behalten.

Neuza, in Erwartung ihres ersten Kindes.

Priscila gehört auch dazu

Ja, Priscila gehört auch zu meinen Kindern, und das in doppelter Weise, wie wir gleich erfahren werden. Sie ist das erste Kind einer jungen Ehe. Ihre Eltern hatten vor gut einem Jahr in unserer Kirche geheiratet. Jetzt freuten sie sich auf ihr erstes Kindchen. Die Schwangerschaft verlief normal. Nun kam der Tag der Geburt. Auch diese verlief komplikationslos. Die Eltern wohnten drei Kilometer von uns entfernt auf dem elterlichen Gehöft. Der Vater betrieb mit seinen Söhnen ein kleines Landgut. Des Öfteren lud er sonntags alle, die zur Familie gehörten, in seinen Pferdewagen und brachte sie mit zum Gottesdienst. Nun freuten sich alle über die kleine Enkelin und Nichte. Sie hatte den Namen Priscila erhal-

69

ten. Wie mag sie die erste Nacht zu Hause geschlafen haben?

Ich hatte inzwischen schon die nächste Frau entbunden, als Sergio, der Vater der kleinen Priscila, gegen Mittag an der Tür stand. Auf meine Frage, wie sie die Nacht zu dritt verbracht hätten, sagte er, dass die Kleine fast die ganze Nacht geschlafen hätte. Doch gegen Morgen habe sie Blut erbrochen. Das war kein gutes Zeichen! Ich versprach ihm, vorbeizukommen, wenn ich die Wöchnerin nach Hause brachte. So geschah es auch. Ich nahm Vitamin-K-Präparate mit und Ampullen mit physiologischer Kochsalzlösung. Aber es war mir klar, dass wir das Kind ins Krankenhaus bringen mussten. Wenn es nur nicht so drückend heiß wäre! Es war Mitte Dezember, die heißeste Zeit des Jahres! Das Thermometer aus dem Einkochapparat legten wir einen Augenblick auf den Rasen. Es zeigte 70° C in der Sonne an! Da waren es bestimmt über 40° C im Schatten! Ich dachte bei mir: Hoffentlich ist die Erdstraße befahrbar! Sie war in den letzten Tagen an vielen Stellen regelrecht aufgebrochen, diesmal nicht vom Regen, sondern von der Hitze.

Als ich bei der jungen Familie ankam, hatte die Kleine wieder Blut erbrochen und auch Blut abgeführt. Ich wurde an meine Zeit in der Kinderklinik erinnert, wo wir das etliche Male bei Neugeborenen erlebt hatten. Diese Erkrankung, Meläna genannt, ist nicht erblich und soll nur ganz selten in den ersten Lebenstagen auftreten. Sofort stand mir auch die Behandlung vor Augen: Vitamin-K-Präparate und wenn nötig Bluttransfusionen.

Das war ein Alarmzeichen! Ich spritzte ihr ein Vitamin-K-Präparat und begab mich sofort mit dem Vater und dem Kind auf den Weg zur Stadt. Kurz vor der ersten Talmulde stand ein großer Lastkraftwagen quer. Was nun? Ich versuchte, meinen Wagen zu drehen. Wir mussten zurück und einen anderen Weg wählen, der wohl weiter, aber hoffentlich befahrbar war.

Was man in solchen Situationen an inneren Zerreißproben durchlebt, kann man nicht beschreiben. Doch Gott hörte unser inneres Flehen.

In der Stadt angekommen, mussten wir zuerst zum Standesamt fahren, um das Kind registrieren zu lassen, sonst hätten wir es nicht internieren können. Als die Standesbeamtin das kreidebleiche Kind sah, wollte sie gleich den Namen wissen, um uns schnell zum Krankenhaus zu schicken. Sie wollte auch kein Geld für den Geburtsschein haben. Nach ein paar Wochen fragte sie mich, ob wir die kleine Priscila noch lebend zum Krankenhaus gebracht hätten. Ja, das hatten wir, aber die Ärzte hatten keinen anderen Rat gewusst als den, den ich schon befolgt hatte – eine gezielte Behandlung mit Vitamin K. Sie waren keine Kinderärzte, wussten aber, dass es in der dritten Kreisstadt einen gab. Weil es der Kleinen inzwischen etwas besser ging, fuhren wir auf Anraten der Ärzte wieder nach Porto Brasilio zurück, fast 30 Kilometer. Sollte die Blutung wieder einsetzen, dann sollten wir direkt nach Loanda in die dritte Kreisstadt fahren. Die Mutter hatte inzwischen etwas Milch abgepumpt, die das Kind trank und auch bei sich behielt. Ich nahm die Kleine mit zu mir. Nach ein paar Stunden setzte erneut eine ganz massive Blutung ein, sodass uns Herr Kahl ins 50 Kilometer entfernte Loanda fuhr. Die frisch entbundene Mutter konnten wir nicht mitnehmen.

Der Kinderarzt war sofort zur Stelle und sagte uns, dass er solch einen Fall in seiner Praxis noch nicht erlebt hätte. Er selbst legte dem Kind sofort einen Tropf an, um den Flüssigkeitsverlust auszugleichen. Die Vitamin-K-Behandlung war in jedem Fall das Richtige, wie uns der Arzt bestätigte, denn es sollte ja eine Blutgerinnung erzielt werden. Doch nun musste noch eine spezielle Behandlung erfolgen und dazu waren Blutkonserven nötig. Es wurden Blutproben von uns genommen, denn es war klar, dass der hohe Blutverlust, den das Kind erlitten hatte, kompensiert werden musste. Die Blutgruppe des Vaters und auch die des Pastors stimmten nicht mit der des Kindes überein. Nun war ich an der Reihe und meine war die Richtige. Gerne spendete ich dem Kind einen halben Liter Blut, der ihm nach und nach im Wechsel mit physiologischer Kochsalzlösung zugeführt wurde. Es war nicht das erste Mal, dass ich mich für solch einen lebensrettenden Zweck gerne zur Verfügung stellte. Wenn es nur der kleinen Priscila das Leben erhalten würde!

Betend legten wir das Kindlein in Jesu Hände und baten auch um Weisheit für den Arzt und sein Team. Spät in der Nacht kamen wir dann wieder in Porto Brasilio an.

Für unseren Bruder Sergio und seine Frau Lucimar war das eine harte Glaubensprobe.

Bis zum zehnten Tag hing das Leben von Priscila

an einem seidenen Faden. Es war ein Schweben zwischen Leben und Tod. Nach 14 Tagen sagte mir der Arzt: „Wenn das Kind unter Ihrer Kontrolle bleibt, können wir es entlassen." Das war die Freudennachricht des Tages, eine echte Weihnachtsbotschaft, denn es war mittlerweile Weihnachten geworden.

Priscila entwickelte sich weiter gut. Es traten keine Komplikationen mehr auf. Sie trank auch gleich an der Brust und hat nie mehr erbrochen. Und auch die Mutter hatte trotz durchlebtem Kummer und Herzeleid genügend Milch, ihr Kind zu stillen. Wie freuten wir uns alle mit und dankten Gott!

Priscila und auch ihre Schwester Lidia, die nach ihr geboren wurde, entwickelten sich gut. Nach mehreren Jahren bekamen sie noch einen kleinen Bruder Mateus. Auch er ist gesund herangewachsen.

Als Priscila ungefähr zehn Jahre alt war, stellten sich plötzlich Krämpfe ein, die aber keinen Zusammenhang zu der Neugeborenenblutung hatten. Sie musste über einige Jahre regelmäßig krampflösende Mittel einnehmen, bis diese dann abgesetzt werden konnten, weil keine Gefahr mehr für einen Rückfall bestand.

In der Schule machte sie gute Fortschritte. Sie war musikalisch und brachte ihre Gaben auch in der Gemeinde ein. Sie wollte Jesus gehören und ihm zur Verfügung stehen. Gerne wäre sie auf die Uni gegangen, doch die Eltern konnten die finanziellen Mittel nicht aufbringen. So suchte sie sich in einigen Apotheken eine Arbeit. Sie war sehr lernbereit und zuverlässig. Die Apothekerinnen mochten sie gerne.

Auf einer meiner letzten Besuchsreisen hat sie mir in der Apotheke den Blutdruck gemessen. Es war ihr eine Freude, mir eine kleine Gegenleistung zu geben für die Blutspende damals, als sie so sterbenskrank gewesen war. Sie sagte des Öfteren: „Ich möchte auch einmal nach Deutschland, denn ich habe doch deutsches Blut in mir." Ihr Vater sagte ihr dann jedes Mal: „Solange du keine Zwiebeln isst, kannst du nicht nach Deutschland fahren, denn dort musst du viele Zwiebeln essen." (Dabei ist es fast umgekehrt, dass man in Brasilien mehr Zwiebeln isst als in Deutschland.) Bei der letzten Begegnung flüsterte sie mir ins Ohr: „Weißt du, ich esse jetzt Zwiebeln, ich schlucke sie einfach ganz runter!"

Priscila ist jetzt über 20 Jahre alt, ein hübsches junges Mädchen und möchte gerne den richtigen Mann heiraten. Sie wird von vielen umgarnt. Doch wer mag der Richtige sein? Ich freue mich, dass sie sich weiter treu zur Gemeinde hält, und bete darum, dass sie auch in der Partnerwahl nach Gottes Willen fragen und Gott sie vor einer Fehlentscheidung bewahren möchte.

März 2008. Gerade habe ich erfahren, dass Priscila glücklich mit einem gläubigen Mann aus unserer Gemeinde verheiratet ist. Gott wolle die Ehe segnen!

Erhört Gott auch Kindergebete?

Es war Ferienzeit. Herrlich! Da konnten wir in unserem schönen Thüringer Wald so manchen verlockenden Spaziergang machen. Es gab für uns Schulkinder aber auch noch andere Möglichkeiten. Wir konnten zum Beispiel mit einem Lastkraftwagen auf die Felder gefahren werden, um Runkeln zu verziehen, damit sie besser wachsen konnten. Diese Arbeit wurde uns sogar bezahlt!

Ich war ungefähr zehn Jahre alt. Weil ich mir einen Badeanzug kaufen wollte, hatte ich mich dafür entschieden mitzufahren. Einige Schulklassen hatten sich für das Runkelfeld gemeldet. Ich war also auch dabei.

Wir hatten unser Tagewerk beendet und uns wieder zur Heimfahrt eingefunden. Doch was sahen wir da? Eine große Kirschenplantage mit vielen leuchtend roten Kirschen! Diese war nicht nur zum Ansehen schön, sondern reizte erst recht zum Plündern. Während alle Schulkinder schon zum Plündern auf den jungen Kirschbäumchen waren, blieb ich ganz allein stehen. Ich wusste durch die biblischen Geschichten, die uns in der Sonntagsschule erzählt worden waren, dass Stehlen Sünde ist, und ich wollte nicht sündigen. Da ertönte plötzlich ein Pfiff. Ein Mann mit einem Fahrrad hatte die Horde von Kindern in der Kirschenplantage entdeckt, rief sie zu sich und schrieb alle Namen auf, auch meinen. Ich beteuerte, keine einzige Kirsche gestohlen zu haben, doch wer wollte das glauben?

Am nächsten Tag kam der Schulleiter in unsere

Klasse und kündigte uns mit strenger Miene an, dass wir daraufhin eine schlechte Note in Betragen erhalten würden. Dann wandte er sich an mich (er war mein Großonkel) und sagte: „Was, und du warst auch mit dabei? Von dir hätte ich das aber nicht gedacht!" Dann ging er. Was sollte ich tun? Die Tränen schossen mir in die Augen und in meinem Herzen betete ich: „Herr Jesus, du weißt, dass ich nicht eine einzige Kirsche genommen habe, sei du mir gnädig."

Alle Kinder, deren Namen auf dem Papier standen, wurden am nächsten Tag durch den Park zur Polizei geführt und dort einzeln verhört. Als ich an die Reihe kam, konnte ich nur schluchzend die Wahrheit sagen, dass ich wirklich keine einzige Kirsche gestohlen hatte, weil ich wusste, dass das Sünde ist. Ob mir die Polizisten glaubten? Wer glaubt schon einem Kind, dass es nicht gestohlen hat, wenn sich solch eine verlockende Gelegenheit bot? Ich konnte nur immer wieder im Gebet zu meinem Heiland fliehen. Dieses Erleben steht heute noch gegenwartsnah, lebendig vor mir und ich empfinde beim Niederschreiben dieser Zeilen noch sehr deutlich, was ich damals innerlich durchlebte.

Abend für Abend schüttete ich unter der Bettdecke mein Kinderherz schluchzend vor dem Herrn Jesus aus und weinte mich in den Schlaf.

Wenn es doch nicht noch Monate dauern würde bis zur nächsten Zeugnisausgabe! Doch dann kam der Tag! Bangen Herzens öffnete ich mein Zeugnisheft und wieder traten mir die Tränen in die Augen. Doch diesmal waren es Tränen der tiefen Dankbarkeit und Freude, als ich die Eins in Betragen entdeckte.

So erhörte Gott meine Kindergebete und ich durfte ihn buchstäblich als meinen Rechtsanwalt erleben. Ich konnte nur immer wieder danken! Dieses Erlebnis wurde mir für mein späteres Leben prägend und segnend, doch es war nicht das einzige Kindergebet, welches mir der Herr Jesus erhört hat.

Darf ich für meinen Hund beten?

„Schwester Ilse, du hast doch gesagt, wir dürfen dem Heiland alles sagen, darf ich da auch für meinen Hund beten?"

„Ja, das darfst du", war meine Antwort. Als ich dem Kind diese Antwort gab, ahnte ich noch nicht, dass ich einige Zeit später selbst in eine Situation gestellt würde, für einen Hund zu beten.

Ich war auf dem Weg von Deutschland nach Brasilien, an Bord eines holländischen Frachters. Wir waren nur wenige Passagiere. Aber wir hatten einen Hund an Bord, einen Rassehund, ein hübsches, großes Tier, das dem Steuermann gehörte. Der Hund durfte frei herumlaufen. Er begleitete sein Herrchen oft, strolchte aber auch alleine herum. Zu den Mahlzeiten durfte er sogar mit in den Speisesaal kommen. Da hatte er seinen Platz unter dem Tisch der Offiziere. Ansonsten war er auf Mäusejagd. Sein lautes Bellen gehörte einfach mit zum Schiffsalltag. Wir mochten ihn alle gern. Doch nach einigen Tagen wurde das Bellen leiser und weniger, bis er gar nicht mehr bellte. Auch sein Fressen schien ihm nicht mehr zu schmecken. Ob er sich vergiftet hatte? Es wurde ja immer irgendetwas repariert oder frisch gestrichen auf Deck. Vielleicht hatte er an einem Farbtopf geleckt? Nun, er konnte ja nicht gefragt werden.

Schließlich setzte sich der Steuermann über Funk mit einem Tierarzt aus Holland in Verbindung und fragte um Rat. Doch als die verordnete Medizin nicht anschlagen wollte, wandte sich der Steuermann an mich. Ich hatte schon für den Hund gebetet. Dann nahm er mich mit in die Schiffsapotheke. Nun stand ich vor vielen Flaschen mit Medizin, deren Namen ich nicht kannte. Da hielt ich es so wie in meiner Apotheke in Brasilien: Wie oft stand ich da betend vor den Medikamentenregalen, nicht wissend, welche Medizin ich geben sollte. Da sah ich ein Sulfapräparat, das gewiss nicht schaden würde.

Wir zerdrückten kleine Medikamentengaben und führten sie dem Hund über etliche Tage mit etwas Futter zu. Und genügend trinken musste er auch. Die ganze Besatzung und auch wir Passagiere waren von der Krankheit des Hundes betroffen. Immer wieder brachte ich diese Not im Gebet vor Gott. Das ließ ich auch den Steuermann wissen. Sollte der Hund wirklich nicht wieder gesund werden? Vielleicht hatte er auch nur Heimweh nach den fünf Kindern und der Frau des Steuermanns, die ihn sonst täglich umgeben hatten?

Die Tage verstrichen. Da, mit einem Mal ertönte ein lautes Bellen!!! Das war die schönste Musik des Tages! Von da an ging es langsam wieder aufwärts. Wie freuten wir uns; ich dankte Gott dafür, dass es dem Hund wieder besser ging. Auf jedes Bellen schickte ich ein Dankgebet gen Himmel. Nicht nur dem Hund, sondern der ganzen Schiffsbesatzung ging es wieder gut.

Als ich in Santos das Schiff verlassen musste, gab mir der Steuermann einen Umschlag mit einer hohen Geldsumme darin, als Dank für alle erfahrene Hilfe bei der Erkrankung und Betreuung seines Hundes. So konnte ich meinen neuen Diensteinsatz gleich mit einer Missionskollekte antreten.

Dass Gott sich auch über unser Vieh erbarmt, sollte ich kurze Zeit später ganz konkret erfahren.

Ich wurde zu Hebammendiensten bei einer Kuh gerufen. Doch da sah ich mich an die Grenzen meiner Kompetenz geführt. Ich fuhr zur Stadt, um einen Tierarzt zu holen. Dieser hatte gerne meine Hilfe in Anspruch genommen. Die Kuh lag auf der Weide und der vorgefallene Uterus mit dem noch ungeborenen Kälbchen neben ihr. Nach Angaben des Tierarztes hatte die Kuh noch sechs Wochen Zeit bis zum Kalben. Doch ob das Kälbchen lebend zur Welt kommen würde, war fraglich.

Aber weil wir Jesus alles sagen dürfen, war es für mich selbstverständlich, für die Kuh und das Kälbchen zu beten. Zunächst musste der Uterus mit dem Kälbchen wieder an Ort und Stelle gebracht werden. Das erforderte eine Kraftprobe besonderer Art. Ein junger Mann bot sich noch zum Helfen an. Mit Gottes Hilfe und warmem Wasser schafften wir es zu dritt! Dann mussten noch einige Stiche gemacht werden, damit dasselbe nicht noch einmal passierte.

Groß war die Freude und die Dankbarkeit, als das Kälbchen einige Zeit später gesund geboren wurde.

Als ich diese Erlebnisse meinen Kindern in der Sonntagsschule weitergab, kamen gleich die verschiedensten Antworten: „O, dann kann ich ja auch für meinen Papagei beten", „Und ich für meine Katze", „Und ich für mein Meerschweinchen, ich für meinen Goldhamster und für unsere Kuh und unsere Schweine, oder???"

Ja, wir dürfen auch für kranke und gesunde Tiere beten, lesen wir doch in der Bibel, in Sprüche 12,10: *Der Gerechte erbarmt sich seines Viehs.*

Ich suche eine Parklücke

Ich suche eine Parklücke, und das immer wieder! Manchmal braucht es lange, bis ich eine finde, aber meistens klappt es. Eigentlich habe ich schon lange nach Parklücken gesucht, bevor ich selber einen Wagen fuhr. Das klingt mysteriös, ist aber wahr.

Ich meine nicht die Parklücken im Straßenverkehr, sondern die Parklücken im Gespräch mit anderen Menschen. Es geht mir darum, meine Gesprächspartner auf irgendeine Weise zu einer Beziehung mit Jesus Christus zu führen.

Nicht immer erkannte ich die angebotene Parklücke oder nutzte sie. Manchmal verschlief ich sie auch oder hatte kein Evangeliumsblatt bei mir oder ich hatte keine Lust und war einfach zu faul. Das tat mir hernach leid und ich konnte mit meiner Unterlassungsschuld nur zu Jesus fliehen. Das erwähne ich, damit nicht der Gedanke aufkommt, ich hätte jede Gelegenheit genutzt, um von Jesus zu zeugen. Doch ich möchte an einigen Beispielen deutlich machen, dass es sich lohnt, eine „Parklücke" zu suchen.

Ich war in Rio de Janeiro auf dem Flughafen und wartete mit vielen Passagieren darauf, dass die Nummer unseres Flugzeuges aufgerufen wurde. Unsere Papiere waren schon kontrolliert worden. Da wurde ich noch einmal an den Schalter gerufen. Ich sollte einen anderen Platz einnehmen. Warum wohl? Ich hatte doch schon einen guten Fensterplatz! Als unser Flug schließlich aufgerufen wurde, führte mich eine freundliche Stewardess als Erste in das Flugzeug, und zwar in die Business-Class. Dort konnte ich in einem großen Sessel Platz nehmen. Ob das ein Versehen war? Ich war doch keine Geschäftsreisende! Nun, den Grund erfuhr ich nie. So nahm ich es als Privileg meines Gottes dankbar an. Wie vornehm war hier alles eingerichtet. Neben mir der Sessel war noch frei. Doch bald schon kam ein Herr,

81

der sich als Manager einer großen Erdölfirma vorstellte, und nahm den Platz ein. Lange Zeit wechselten wir kein Wort miteinander. Die Stewardess kam und wir wurden nach diesem und jenem gefragt. Es war klar, dass ich ihre Fragen in Portugiesisch beantwortete, während mein Nachbar in Englisch mit ihr sprach.

Plötzlich fragte er mich, wo ich meine portugiesischen Sprachkenntnisse erworben hätte. *Ob das jetzt eine Parklücke für mich ist, auf die ich schon lange betend wartete?*, ging es mir durch den Kopf. Ich sagte ihm, dass ich schon viele Jahre als Missionarin in Brasilien arbeitete, und dann war das Eis gebrochen und ich konnte ohne Vorbehalt meinen Glauben an Jesus bekennen und ihm von manchem Gotteserleben berichten. Er sagte, dass er überzeugter Atheist sei, aber ich solle bitte weitererzählen. Jetzt sah er sich mit einer neuen Welt konfrontiert, die er mit großem Interesse wahrnahm. Mitternacht war schon längst vorbei und wir beide verspürten noch keine Müdigkeit. „Bitte, Schwester, erzählen Sie weiter", bat er. Mit einem Mal wusste auch er von manch einem Erleben zu berichten, das deutlich den Stempel der Barmherzigkeit Gottes trug und ihn zum Nachdenken brachte. Gerne nahm er darum die Evangeliumsschriften an, die ich ihm anbot. Er bedankte sich sehr für das Gespräch und wir verabschiedeten uns nach der Ankunft in Frankfurt als gute Bekannte.

Es war noch Zeit bis zur Abfahrt meines Zuges. Da gesellte sich eine Dame zu mir, die offenbar mit demselben Zug fahren wollte. Es ergab sich ein Gespräch. Sie erkundigte sich nach einem Hotel in jener Stadt, aber ich konnte ihr keine Auskunft geben, da ich selber nicht in dieser Stadt lebte. Dabei schossen mir die Gedanken durch den Kopf: Zu welcher Berufsklasse mag sie wohl gehören? Sie war einfach gekleidet und doch schien sie etwas Besonderes zu sein. Aber nie hätte ich gedacht, dass da eine Bauchtänzerin vor mir stand, ja, ich hatte bis dahin gar nicht gewusst, dass es diese Berufssparte gab! Im Urwald Brasiliens war mir auch keine begegnet!

Aber umgekehrt schien es genauso zu sein. Ich kam ihr als Diakonisse auch wie ein Weltwunder vor, mit dem sie nichts anzufangen wusste. Im Zug hatten wir Gelegenheit, uns gegenseitig vorzustellen. Sie erzählte mir mit großer Begeisterung von den Glücksgefühlen, die sie jedes Mal bei den Vorführungen empfand. Es sei so, als tauche sie dann in eine andere Welt ein. Wie sollte ich nun darauf reagieren? War das jetzt *meine Parklücke?* Ganz nüchtern bekannte ich meinen Glauben an Jesus Christus und gab ihr einige Evangeliumstraktate zu lesen. Damit war das Gespräch für eine kurze Zeit abgebrochen. Wir mussten aus- und umsteigen, fuhren aber mit demselben Zug weiter. Sie hatte eine Platzkarte, ich nicht. Als ich mich von ihr verabschieden wollte, sagte sie: „Ich lasse die Platzkarte sausen. Wenn Sie es erlauben, komme ich zu Ihnen ins Abteil. Ich muss mehr von Ihrem Glauben wissen." Andere Fahrgäste legten ihre Reiselektüre beiseite und lauschten unserem Gespräch. Nun stellte sich auch

83

heraus, dass mein Gegenüber, die Bauchtänzerin, eine große Leere in ihrem Herzen empfand, die sie schon oft an den Rand der Verzweiflung gebracht hatte. Ich konnte sie zielklar auf Jesus Christus hinweisen, der unser Leben durch seine Erlösung mit Ewigkeitswerten beschenkt und unser Herz allein mit echter Freude füllen kann, die nicht von momentanen Glücksgefühlen abhängig ist. Da gibt es keine Leere mehr, die uns in die Verzweiflung treibt und unser Leben sinnlos erscheinen lässt.

Die Stunden vergingen wie im Flug und ich musste mich verabschieden. Meine Gesprächspartnerin bedankte sich sehr für das richtungsgebende Gespräch.

Möge es zu einem Mosaiksteinchen auf ihrem Lebensweg werden, das Gott gebraucht, um ihr Leben sinnerfüllt zu gestalten!

Es war wieder einmal auf einem holländischen Frachter, auf einer meiner Reisen nach Brasilien. Je nach Anzahl der Passagiere war auch ein Schiffsarzt mit an Bord. Wir waren uns des Öfteren an der Reling begegnet und hatten unsere Gedanken und Gespräche übers weite Meer geschickt. Dabei hatten uns die herrlichen Sonnenuntergänge immer fasziniert; wie der glutrote Sonnenball langsam im großen Atlantik verschwand und die ersten Sterne funkelten. Je näher wir dem Äquator kamen, umso deutlicher konnten wir die Sternbilder erkennen.

Bald würden wir wieder das Kreuz des Südens entdecken. Hier, über dem Meer, wo es keine Dunstschicht von Lichtern gab, war es besonders klar zu sehen. Es erinnerte mich immer an die Erlösung, die Jesus Christus für uns vollbracht hat. Jemand brachte das so zum Ausdruck:

Das Kreuz von Golgatha stand auf der nördlichen Halbkugel, doch das Kreuz des Südens hat Gott an das südliche Firmament gesetzt, damit wir, ganz gleich wo wir uns befinden, immer an die Erlösung erinnert werden.

Es würde nicht mehr lange dauern, bis wir die Meeresbucht von Rio de Janeiro erblicken könnten. Wirklich, der Zuckerhut war schon in weiter Ferne zu erspähen. Je nachdem wie sich das Schiff drehte, konnten wir bald diese, bald jene Sehenswürdigkeit wahrnehmen. Da war unter anderem die 14 Kilometer lange Brücke, die 1974 erbaut worden war. Sie soll die drittlängste Brücke der Welt sein, die die Meeresbucht zwischen den beiden Hafenstädten Rio de Janeiro und Niteroi überquert; eine 4-spurige Autobahn! Vor ihrer Fertigstellung musste man entweder mit dem Auto einen Umweg von 133 Kilometern nach Niteroi zurücklegen oder in langen Schlangen auf die Fähren warten.

Doch bei aller Schönheit, die die herrlichste Hafenstadt der Welt aufwies, waren auch die Berge und Hügel von Favelas (Elendsviertel) nicht zu übersehen.

Der Zuckerhut 400 m über dem Meeresspiegel.

Der Kapitän verlangsamte bereits das Fahrtempo und plötzlich stand der Frachter für kurze Augenblicke still. Da kletterte auch schon der Lotse die Strickleiter hoch an Bord. Er übernahm das Steuer, um unser Schiff, an manchen Klippen vorbei, sicher in den Hafen zu führen. Ich wurde von Herzen dankbar dafür, dass Jesus mein Steuermann ist, der mein Leben zielsicher in die ewige Herrlichkeit bringen wird.

Die 14 km lange Brücke über die Bucht von Rio de Janeiro.

Eine interessante Welt! Immer wieder gab es etwas zu bestaunen. Jetzt sah man den Zuckerhut sehr deutlich und sogar die Gondel, die die beiden Gondelstationen verbindet.

Ob es hier auf dem Schiff auch Parklücken gab? O ja, die hatte ich schnell entdeckt.

Mit dem Schiffsarzt hatte ich sehr gute Gespräche geführt und ich war immer darauf bedacht, eine Parklücke zu finden. Schließlich sagte der Arzt zu mir: „Schwester, es ist eigenartig, wir können über Krankheiten und Medizin reden, über verschiedene Länder und Kulturen, über Politik und Menschen, über den herrlichen Sternenhimmel und die wunderschönen Sonnenuntergänge, aber Sie wissen immer eine Verbindung zu Jesus zu knüpfen!" Ich sagte ihm: „Das stimmt, was in meinem Herzen ist, das kommt heraus und Jesus lebt in mir."

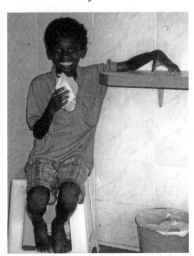

Einer von vielen Ärmsten der Armen.
Schade, dass man die Serviette nicht auch noch essen kann!

Ob Sie Mut bekommen haben, auch einmal auf solche Parklücken zu achten?

Die Gondel, die zur Endstation des Zuckerhutes führt.

Ze Carlos und seine Familie

Ze Carlos und seine Familie gehörten zu unseren Nachbarn. Viel hatten wir mit ihnen erlebt! Sie wohnten über mehrere Jahre in einer Bambushütte, die oft am Einfallen war. Bei jedem starken Wind oder Sturm brachen zwei oder mehrere von den morschen Bambusstangen auseinander, die aber jedes Mal entweder abgestützt oder durch andere ersetzt wurden, bis Ze Carlos' Vater eines Tages ein Holzhaus und später dann sogar ein Haus aus Backsteinen baute. Die Familie wurde größer und wir wunderten uns manches Mal, wo und wie sie nur alle Platz hatten.

Sie kamen von Anfang an zu den gottesdienstlichen Stunden, auch als wir die Gottesdienste noch in der Garage hatten. Meistens besetzten sie eine ganze Bankreihe, denn sie waren ja eine Großfamilie mit zunächst fünf, dann sieben Kindern. Sandra war die Älteste und war auch das einzige Mädchen. Der Vater hatte einen afrikanischen Einschlag und war fast schwarz. Außerdem stotterte er sehr und hatte im Volksmund nur den Namen „Josef, der Stotterer". Kaum jemand kannte seinen richtigen Namen. Er selbst nannte sich auch so. Seine Frau, Dona Maria, war 40 Jahre jünger als er. Sie und auch ihre Kinder hatten, wie die meisten Menschen in dieser Gegend, eine bräunliche Hautfarbe. Alle Jungens stotterten. Das hatten sie wohl vom Vater geerbt. Nur die Mutter und auch das Mädchen stotterten nicht. Sandra war mir für einige Jahre eine Hilfe im Haushalt, bis sie von heute auf morgen ganz plötzlich verschwand. Sie wurde von einem jungen Mann über Nacht entführt und die beiden heirateten. Die Eltern wussten davon und wollten damit allen Hochzeitsverpflichtungen aus dem Wege gehen.

Sandra.

Diese Art von Beziehungen hatte ich auf meinen früheren Stationen oft drastisch miterlebt. Die jungen Menschen, die mitunter noch Kinder waren, brachten sich damit um eine Entwicklungsstufe, die schöne Jugendzeit. Groß war oft das Herzeleid, in das sie sich stürzten.

Ein junges Mädchen von 15 Jahren sagte mir unter Tränen: „Hätte ich nur auf meine Mutter und auf Sie gehört! Jetzt bin ich schwanger und mein Mann hat andere Frauen, aber mich hat er noch mit seiner Krankheit angesteckt, ich möchte mir am liebsten das Leben nehmen." Wie oft versuchte ich, ihr Mut zu machen. Ich konnte sie nicht verstoßen. Wir dürfen mit allem Herzenskummer zu Jesus fliehen und ihn um sein Erbarmen bitten. Gott nahm sich ihrer an. Sie brachte ein gesundes Kind zur Welt und zog danach mit ihrer Familie in eine andere Stadt. Einige Jahre später erfuhr ich, dass sie mit ihrem Mann während einer Evangelisation zum Glauben an Jesus Christus gekommen war. Dem Herrn sei Dank!

So habe ich traurige, aber auch viele frohmachende Entwicklungen der jungen Menschen miterleben können.

Dafür ist Ze Carlos, der älteste Bruder von Sandra, ein lebendiges Beispiel. Er kam mit seinen Geschwistern treu zur Sonntagsschule. Aufmerksam nahm er die biblischen Geschichten auf. Das merkte ich jedes Mal bei der Wiederholung der Geschichte.

Er und seine Geschwister mussten schon früh mit aufs Feld gehen und hart arbeiten.

Ze Carlos mit seinem Freund Aesio auf dem Weg zum Feld.

Die Eltern hätten sie am liebsten von der Schule ferngehalten. Der Vater sagte eines Tages zu mir: „Die können jetzt schon das Alphabet und mehr brauchen sie nicht, ich kann auch nicht mehr!" Doch Ze Carlos und auch seine Geschwister wollten weiterlernen. Sie hatten die Grundschule absolviert und Ze Carlos wollte nun aufs Gymnasium. Dazu musste er jeden Abend mit dem Schulbus in die Kreisstadt nach Querencia fahren. Das war oft sehr ermüdend, weil er ja den ganzen Tag bei großer Hitze auf dem Feld arbeiten musste.

Eines Tages bat er mich, ihm eine Zahnbürste zu kaufen, denn die Familie besaß nur eine für alle. Gerne habe ich das getan. Die nächste Bitte war dann die um Zahnpasta. Auch die hat er bekommen. Doch ich wurde stutzig, als er sich jede Woche eine Tube Zahnpasta bestellte. Er erklärte mir, dass er sie unbedingt brauche, denn er könne doch nicht in der Schule mit Mundgeruch vor seinem Lehrer stehen. Wer hatte ihm das gesagt? Wir nicht.

Einmal wollte die Direktorin des Gymnasiums von mir wissen, was wir mit den Kindern in unserer Kirche machten, sie seien so ganz anders. Ze Carlos würde sich nie an den Schlägereien in den Pausen beteiligen und würde oft still auf einer Bank sitzen und lernen oder in einem Buch lesen. Wie war das möglich? Ich konnte ihr nur sagen, dass wir nichts anderes taten, als den Kindern das Evangelium von der Liebe Jesu weiterzusagen.

Dona Maria beim Bereiten des Brotteiges.

Und da, wo Gottes Wort ein Herz erreicht, auch ein Kinderherz, setzt ein Verwandlungsprozess ein, ohne unser Zutun. Wir standen oft staunend daneben und konnten uns nur von Herzen mitfreuen: Da und dort wurde dann mit einem Reisigbesen die Hütte ausgefegt oder ein Stück Stoff wurde mit der Hand abgesteppt, sodass alle Zahnbürsten der Familie darin ihren eigenen Platz hatten und an der Innenwand des Raumes hingen. Man sah auch die Schüsseln und Töpfe blitzblank an der Wand hängen.

Das Vollbad vor dem Gottesdienst.

Eine Regel, die die Menschen selbst aufstellten, war: Wer zum Gottesdienst kommen will, muss vorher noch baden. Dazu wurde in einer großen Schüssel ein Pfützchen Wasser eingelassen und einer nach dem anderen durfte mit dem kostbaren Nass Bekanntschaft machen. Zuletzt wurde dann der Säugling auch noch in die Pfütze gesetzt! Weil Handtücher unter unserem armen Volk Mangelware waren, saßen sie mitunter noch triefend nass vor uns. Doch bei den warmen Temperaturen war das kein Problem. Es kam auch vor, dass jemand noch schnell den Kopf wusch und triefend und tropfend vor uns saß. Das musste man alles in Kauf nehmen. Es gehörte einfach mit in das Bild der Zuhörerschaft.

93

Vor einigen Jahren hatte Ze Carlos eine klare Entscheidung für Jesus Christus getroffen. Er wollte nun seine eigene Bibel haben und hatte sich das Geld dafür zusammengespart. Diese hatte er im Laufe der Jahre schätzen und lieben gelernt.

Mit Freuden war er Sonntagschullehrer und wuchs dabei selbst mehr und mehr in das Wort Gottes hinein. In seiner Familie respektierte man seine Haltung. Groß war die Freude, als eines Tages auch Dona Maria, die Mutter von Ze Carlos, den Weg des Glaubens gehen wollte.

Der Vater, der viele Kontakte zu den Zauberern hatte, wollte lieber auf seinem Weg bleiben und in der Religion seiner Väter sterben, aber er verbot niemandem von seiner Familie, Jesus Christus nachzufolgen. Doch kompromisslose Nachfolge bleibt nicht ohne Konsequenzen.

So wurde Ze Carlos über mehrere Wochen sein Tageslohn nicht ausgezahlt und die Familie litt Not, weil sie keine Lebensmittel kaufen konnte. Der Vater von Ze Carlos wollte, dass er den Arbeitgeber anzeigen sollte. Da bat Ze Carlos mich um Rat. Er sagte mir, wenn er den Rat seines Vaters befolgte, würde er sich eine Tür zum Herzen dieses Mannes zuschlagen, er würde zu seinem Feind werden. Dann könnte er ihm nichts mehr von Jesus sagen und ihn nicht für das Evangelium gewinnen. Das war eine klare Herzenshaltung, die ich mit ihm teilen konnte. Wir beteten für den Mann und siehe da, es dauerte nicht lange und Ze Carlos bekam sein Geld. In der Zwischenzeit half ich ihnen mit einigen Lebensmitteln aus.

Der Vater von Ze Carlos gehörte zu meinen Dauerpatienten. Dadurch, dass er meistens barfuß lief, hatte er oft die Füße voller Sandflöhe. Er kam aber erst zu mir, wenn diese schon ihre Nester gegraben und große Eiterbeulen verursacht hatten. Da war dann immer eine längere Behandlung nötig. Er war aber froh, dass er deswegen nicht in die Stadt zum Arzt fahren musste.

Auch die Mutter war dankbar, dass sie zur nächsten Entbindung gleich in der Nachbarschaft bleiben konnte. Und wenn andere Frauen ihr Kind bei mir bekommen hatten und traditionsgemäß gleich eine Hühnersuppe essen mussten, dann schlachtete Dona Maria auch einige Male ein mitgebrachtes Huhn selbst mitten in der Nacht und bereitete die Suppe zu. So pflegten wir gegenseitige Nachbarschaftshilfe. Einer half dem anderen.

Doch einmal schimpfte mich der Vater von Ze Carlos wegen irgendeiner Sache heftig aus. Ich blieb still. Am Abend kam Ze Carlos mit einem seiner Brüder, um mich anstelle seines Vaters herzlich um Verzeihung zu bitten. Er und seine Mutter und seine Brüder hätten sich sehr geschämt, als sie ihren Vater so schimpfen hörten, und sie wollten sich für ihren Vater bei mir entschuldigen. Gerne habe ich verziehen und mich über die geistliche Haltung meiner Nachbarn gefreut.

Ze Carlos schloss seine Schulzeit erfolgreich ab und bemühte sich nun um eine Lehrstelle, doch es war sehr schwer, in unserer Gegend eine zu bekommen. Aber jemand bot ihm in Curitiba, der Hauptstadt unseres Bundesstaates Parana, eine Möglichkeit an.

Dort lernte er auf einem Jugendkongress Elizete, ein gläubiges Mädchen, kennen. Es war beiden klar, dass Gott sie füreinander bestimmt hatte, und so verlobten sie sich nach einiger Zeit des Kennenlernens und heirateten dann auch. Elizete und ihr Elternhaus waren auch mir sehr gut bekannt. Sie stammte ebenfalls aus einer kinderreichen Familie und ihre Mutter hatte ich schon einmal entbunden. Elizete war, wie ihre Mutter, sehr geschickt, konnte gut nähen und handarbeiten.

Voller Spannung und Freude wartete sie auf ihr erstes Kind. Doch leider konnte sie dieses nicht zur Welt bringen. Sie verlor es in den ersten Schwangerschaftsmonaten und fiel danach in eine tiefe Psychose, die die junge Ehe in große Nöte brachte. Elizete, die einst so kinderlieb war, konnte keine schwangere Frau mehr sehen und auch keine klei-

96

nen Kinder. Eine lange Behandlungszeit war nötig. Immer wieder machten ihr Depressionen zu schaffen. Sie wurde auch nie wieder schwanger. Unvergessen blieb mir ihr trauriger Gesichtsausdruck, wenn wir uns bei meinen späteren Besuchen wieder einmal begegneten.

Zu Beginn des Jahres 2007 war ich wieder in Brasilien. Es war mir ein Gebetsanliegen, auch Ze Carlos und seiner Frau zu begegnen. Und Gott schenkte es. Immer wieder musste ich Elizete anschauen. War sie das wirklich? Ja, sie war es! Sie machte einen frohen und gelösten Eindruck. Ich musste sie einfach immer wieder anschauen und Gott danken. An ihr war etwas neu geworden. Sie hatte über Jahre an schweren Depressionen gelitten und jetzt konnte sie sich wieder freuen. Sie arbeitete mit Freuden unter Kindern und strahlte ein erfülltes Leben aus, auch ohne eigene Kinder! Das hatte Gott geschenkt!

Ze Carlos, jetzt 39 Jahre alt, war ihr treu geblieben und hatte sie nicht verlassen. Er zählt auch zu meinen geistlichen Kindern. Wir konnten uns beide noch an viele prägende Situationen erinnern. Er konnte mir einige Gottesworte heute noch sagen, die Gott gebraucht hatte, um sein Glaubensleben zu festigen. Seit Jahren schon hatte er einen Vertrauensposten bei einer Firma. Er und seine Frau hatten ihren festen Platz in der Missionskirche und halfen ehrenamtlich mit, wo sie nur konnten. Noch etwas Wunderbares war geschehen. Er konnte jetzt fließend sprechen und musste nicht mehr stottern. Das zählte er zu einer erfahrenen Gebetserhörung.

Nun wollte er mir, seiner geistlichen Mutter, noch

einmal von Herzen danken für alle erfahrene Glaubenshilfe und schloss mich freudig in seine Arme.

Ich war nicht wenig erstaunt, als er beim Verabschieden in einen Wagen stieg. Voller Freude sagte er mir, dass er sich den Gebrauchtwagen auf Raten gekauft habe, nachdem er die Fahrprüfung in der Großstadt Curitiba abgelegt hatte. Es ist jetzt sein Wagen! Einmal im Jahr fährt er die fast 700 Kilometer nach Hause, um seine Mutter zu besuchen. Wahrlich, ein Glaubenswagnis! Er fügte noch hinzu: „Wenn ich in diesem Jahr nach Hause fahre, möchte ich einmal alle besuchen, die mit mir auf dem Weg des Glaubens waren und aus irgendeinem Grund Jesus den Rücken gekehrt haben."

Die Familie von Ze Carlos (rechts Ze Carlos).
„Sandra" war nicht mehr zu Hause.

Gott möge ihn und seine Frau weiter segnen und für andere ein Segen sein lassen!

Das war kurz vor meiner Rückkehr nach Deutschland eine erquickende Begegnung. Wie lebendig stand mir da die Jahreslosung von 2007 vor Augen:

Siehe, ich will ein Neues schaffen.
Jetzt wächst es auf, erkennt ihr's denn nicht?
Jesaja 43,19

Ze Carlos mit Elizete im Februar 2007.

Elisabete und Rosinha

Elisabete und Rosinha wohnten nicht weit entfernt von unserer Missionsstation. Eines Tages fragte mich der Vater von Elisabete, ob ich ihr nicht etwas fürs Leben beibringen könnte? Sie war mit zwölf Jahren die Zweitälteste einer kinderreichen Familie. Einige Tage später kam auch der Vater von Rosinha mit derselben Bitte zu mir. Beide Elternpaare gehörten zu unserer Missionskirche und beide Mütter hatte ich schon einmal entbunden. Gerne kam ich dieser Bitte nach. Obwohl ich mir noch nicht richtig vorstellen konnte, wie ich das „Beibringen" realisieren sollte. Ich hatte ja viel mit kranken Menschen zu tun.

Sie kamen also morgens, wie ausgemacht, um 8.00 Uhr zum Frühstück. Das kannten sie von zu Hause nicht. Da gab es wie in den meisten brasilianischen Familien kein Frühstück. Einen Schluck schwarzen Kaffee, das war's. Jetzt saßen sie an einem gedeckten Frühstückstisch mit selbst gebackenem Brot und Marmelade. Das war für sie ein Fest. Doch vorher musste man noch die Hände waschen. Auch das noch! Das waren sie nun überhaupt nicht gewohnt. Kein Wunder, denn es gab ja nirgends Wasser, es sei denn, man hatte einen Brunnen auf dem Grundstück oder einen Bach in der Nähe. Wir hatten einen Brunnen, der zwar durch einen neuen ersetzt werden sollte, doch vorerst konnten wir ihn noch benutzen. Außerdem begnügten wir uns oft mit Regenwasser, das wir aus der Regentonne hinter unserem Haus holen konnten, sofern sie gefüllt und das Wasser nicht gefroren war! Das geschah natürlich nur im Winter, der auch in Brasilien, besonders in den Nächten, grimmig kalt sein konnte!

gesammeltes Regenwasser (gefroren)

Elisabete und Rosinha.

Nach dem Frühstück mussten wieder die Hände gewaschen werden. Dafür hatten wir eine Schüssel mit Wasser stehen, das von Zeit zu Zeit erneuert wurde. Jetzt waren also die Hände sauber, aber die Nase noch nicht. Sie selbst merkten es gar nicht. Und wenn, dann musste der Blusenärmel herhalten oder ein Zipfel vom Kleid, denn ein Taschentuch besaßen sie nicht. Doch das gehörte nun einmal auch zum Leben. Dann halfen sie mir bei der Hausarbeit. Da gab es immer etwas zu putzen und aufzuräumen. Selbstverständlich wollten sie auch lernen, wie man einen Brotteig zubereitete, um diesen dann auch zu Hause einzuführen, denn Brot gab es zu Hause kaum einmal. Wir hatten ja auch in der ganzen Gegend keine Bäckerläden. Einmal wurde eine Bäckerei eröffnet, ganz in unserer Nähe. Von überall her kamen die Leute mit Beuteln, um Brot zu kaufen. Doch nach acht Tagen fiel der Ofen zusammen, da war die Bäckerei wieder Vergangenheit.

Bei mir gab es auch jede Menge Wäsche zu waschen. Das brachte der Dienst an kranken Menschen mit sich. Doch meine beiden Hilfen kannten von zu Hause eine völlig andere Methode, Wäsche zu waschen. Da wurde die nasse Wäsche tüchtig eingeseift, dann auf einem Brett geschlagen und hernach kam alles in eine große Schüssel und wurde auf dem Kopf zum Fluss oder Bach getragen und gespült und dann entweder über einen Stacheldraht geworfen oder zum Trocknen auf Bananenblätter gelegt, ganz durcheinander, so wie die Stücke gerade kamen. Alles Weitere musste die Sonne tun! Das Bügeln war ihnen fremd.

Wie ganz anders behandelte ich meine Wäsche! Sie lernten, wie man eine Wäscheleine zieht und die gewaschene, gespülte und ausgeschlagene Wäsche je nach Gattung anklammert, sodass System und Ordnung darin war. Nach dem Trocknen wurde alles schön zusammengelegt. Das konnte das Bügeln wesentlich erleichtern.

Lernbereite Nachbarn. Die Wäsche hängt auf der Leine.

Diese Methode führten sie dann auch zu Hause ein und ich freute mich jedes Mal, wenn ich durch den Ort ging und die gewaschene Wäsche da und dort ordentlich aufgehängt sah. Zu Hause hatten sie bis dahin die getrocknete Wäsche in einen Plastiksack gesteckt. Wenn ein Wäschestück gebraucht wurde, musste der Sack gründlich durchwühlt werden. Weil die meisten Leute kein Bügeleisen hatten, liefen sie dann oft ganz zerknittert herum.

Rosinha in der Apotheke.   Meine provisorische Säuglingswaage hat mir gute Dienste geleistet.

Elisabete und Rosinha führten in ihrem Elternhaus nach und nach manches „Neue" ein. Das sahen die Nachbarn und machten es nach. So gab es im Laufe der Zeit manche Wandlung des Lebensstandards, ohne die Kultur ändern zu wollen. Eines Tages kam die Großmutter von Elisabete zu mir, um sich dafür zu bedanken, was sie durch ihre Enkelin gelernt hatte. Sie habe auch gemerkt, dass die

Wäschestücke viel länger haltbar seien, wenn sie richtig behandelt würden.

Parallel zur Hauswirtschaft haben Elisabete und Rosinha aber auch in der Krankenpflege viel gelernt, ja, sie wurden mir mit der Zeit echte Hilfen. Dazu gehörte auch, dass sie ordentlich gekleidet waren.

Rosinha musste immer bei ihren jüngeren Geschwistern schlafen, weil nicht für jedes Kind der Platz für ein Bett vorhanden war. Außerdem hatte niemand einen Schlafanzug oder ein Nachthemd. Da kam es vor, dass die kleineren Geschwister oft ihr „Bächlein" laufen ließen und Rosinhas Kleid, das sie ja auch in der Nacht am Leibe trug, damit getränkt wurde. Dementsprechend war auch der Geruch, den sie am nächsten Tag verbreitete. Es war klar, sie brauchte frische Wäsche für den Tag und auch für die Nacht.

Die Mutter von Elisabete konnte gut nähen. Gerne erklärte sie sich bereit, für meine beiden Hilfen etwas Passendes zu nähen. Jede bekam dann auch noch eine weiße Schürze, sodass sie ganz schmuck gekleidet waren. Die Schürze blieb am Abend, wenn sie nach Hause gingen, bei mir, damit sie nicht „aus Versehen" zum Holzholen oder als Einkaufstasche oder Kopftuch benutzt werden konnte, sondern am nächsten Tag noch sauber war.

Als ich meine beiden Mädels nach ein paar Monaten fragte, ob sie schon etwas gelernt hätten, gaben sie mir prompt zur Antwort: „Ja, Schwester Ilse, Hände waschen! Wir haben uns hier die Hände in einem Monat mehr gewaschen als sonst in einem

Jahr und jetzt gehört das schon zu unserem Leben, und auch die Sauberkeit!"

Beide hatten die Grundschule erfolgreich abgeschlossen und konnten darum auch gut lesen und schreiben.

Wir lasen zusammen so manchen Beipackzettel von Medikamenten, die häufig verabreicht wurden. Sie haben auch von den Risiken und Nebenwirkungen gelesen. So nach und nach wurden sie mit der gängigen Medizin vertraut und die Krankenpflege bereitete ihnen große Freude. Ganz stolz sagte mir der Vater von Elisabete eines Tages: „Aus Elisabete ist dank Ihrer Hilfe ein richtiger Mensch geworden!" Das bekundeten auch die Eltern von Rosinha. Ich freute mich über dieses Echo. Da waren also alle Geduld und Liebesmühe nicht vergeblich geblieben!

Dadurch, dass ich des Öfteren zu einer Geburt gerufen wurde, haben sie auch mitbekommen, was alles zur Ausrüstung für eine Geburt nötig war. Ich war erstaunt, an was sie alles dachten, als ich sie bat, mir den kleinen Hebammenkoffer für die nächste Geburt zu richten. Es fehlte wirklich nichts, bis hin zu einem Tropf mit Blutersatzlösung und einem mit Kochsalzlösung und den entsprechenden Kanülen, alles war bereit, auch die Nägel zum Einschlagen in die Holzwand, um die Flaschen anzuhängen. An alles dachten sie, natürlich auch an genügend Desinfektionsmittel, Kerzen, Streichhölzer und die Batterien für die Taschenlampe und an die Säuglingswäsche! Sogar die „provisorische Säuglingswaage" vergaßen sie nicht. Von Zeit zu Zeit wurde diese aber auch durch eine Küchenwaage ersetzt.

Der Mensch muss sich zu helfen wissen und Liebe macht erfinderisch. Wie oft erfuhr ich das in Brasiliens Wäldern in der großen Einsamkeit, wo ich auf viele Selbstverständlichkeiten in der Krankenpflege verzichten musste.

Einmal wurde ich am Spätnachmittag zu einer blutenden Frau gerufen, die ich sechs Wochen später entbinden sollte. Die Frau lebte 40 Kilometer weit im Wald in einer kleinen Siedlung von Ukrainern. Sie hatte schon einige Kinder, wollte aber das nächste Kind bei mir bekommen. Was nun? Ihr Mann war selbst mit dem Wagen gekommen, um mich zu holen. Ich kannte ihn sehr gut. Er hatte uns schon mehrere Male kranke Menschen zum Behandeln gebracht.

Seine Frau hatte auf dem Feld gearbeitet, als ganz plötzlich eine heftige Blutung einsetzte. Das konnte nur eine vorzeitige Lösung der Plazenta sein und bedeutete, dass sie sofort ins Krankenhaus musste – 140 Kilometer entfernt! Die Diagnose bestätigte sich. Die Herztöne des Kindes waren noch gut. So bestand die Möglichkeit, dass es lebend zur Welt kommen könnte.

Rosinha begleitete mich, während Elisabete noch das Nötigste im Ambulatorium verrichten musste.

Sogleich wurde der Personenwagen zu einem Krankenwagen hergerichtet, mit einer Matratze und genügend Unterlagen und Handtüchern versehen, denn die Blutung schien anzuhalten. Dann installierte ich schnell eine Infusion, die während der Fahrt in die Vene tropfen sollte. Rosinha musste den Arm, den ich auf einer Schiene befestigt hatte, halten, denn wir hatten ja fast die Hälfte des Weges auf einer holprigen Erdstraße zurückzulegen. Betend und voller Gottvertrauen traten wir die Fahrt an. Wie gut, dass wir auch noch ein dickes Federbett dabeihatten. Das war eine willkommene Spezialität der Ukrainer. Es war Juli, also mitten im brasilianischen Winter, der meistens bitter kalt war, erst recht in der Nacht!

Abwechselnd steckten wir unsere Füße mit unter das dicke Federbett!

Die Herztöne des Kindes kontrollierte ich unterwegs mehrmals. Sie waren leicht beschleunigt. Es war also Eile geboten! Im Krankenhaus angekommen, wurde sofort alles für einen Kaiserschnitt vorbereitet und per Funk wurden in der ganzen Region Blutspender gesucht, die zum Teil noch in der Nacht eintrafen. Der Mann der Ukrainerin fuhr mit uns in eine Herberge, die als ein Übernachtungsquartier für Autofahrer bekannt war. Er holte uns noch das dicke Federbett aus dem Wagen, damit wir nicht frieren mussten! Nach einem Dankgebet schoben wir unsere Betten zusammen und kuschelten uns unter das mollige Federbett und schliefen. Gegen vier Uhr war die Nacht vorbei, denn da weckte der Nachtwächter mit lauter Stimme die ersten Autofahrer. Von da an wurden alle 15 bis 20 Minuten die nächsten geweckt, bis auch wir an der Reihe waren. Im Flur war ein Wasserhahn. Wer wollte, konnte sich da waschen. Doch wir zogen es vor, das Waschen anstehen zu lassen, um nicht das Augenmerk der Männerwelt auf uns zu ziehen.

Ganz gespannt waren wir auf die Nachricht aus dem Krankenhaus! Voller Freude und Dankbarkeit konnte uns der Vater berichten, dass seine liebe Frau alles gut überstanden habe und dass das Kind, ein kleines Mädchen, lebend zur Welt gekommen war. Es müsse wohl noch ein paar Wochen im Brutkasten bleiben, weil es ja über einen Monat zu früh geboren war, doch sonst sei alles im normalen Bereich. Seine Frau sollte noch einige Bluttransfusionen bekommen, um den großen Blutverlust wieder auszugleichen, aber sonst ginge es ihr gut. Mit ihm haben wir Gott gedankt, der auf so wunderbare Weise zwei Menschenleben gerettet hatte.

Es war mittlerweile Tag und Elisabete wartete schon ganz gespannt auf uns. Sie freute sich mit uns über alles, was wir ihr berichten konnten.

Ein andermal war sie an der Reihe, mit mir zu fahren. Als ich zwei Messerstecher verbinden musste, war sie es, die mir hilfreich zur Seite stand. Auch bei der Tollwutimpfung half sie tatkräftig mit.

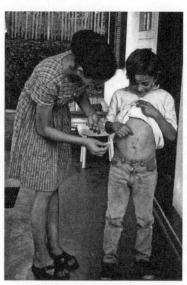

Elisabete beim Impfen.

Elisabete mit den beiden Messerstechern, neben ihr der Mann, dessen Frau ich mit Rosinha ins Krankenhaus brachte.

Durch den täglichen Umgang mit Gottes Wort beim gemeinsamen Bibellesen trafen beide Mädchen eine Entscheidung für Jesus. Mit großer Freude bereiteten wir gemeinsam auch die Kinderstunden für die Sonntagsschule vor. Es dauerte nicht lange, bis sie selbst eine Klasse in der Sonntagsschule übernahmen. Es war eine Freude mitzuerleben, wie sie im Glauben wuchsen!

Mittlerweile waren sie schon fast drei Jahre bei mir und hatten sehr viel gelernt. Nun wollten sie in das Berufsleben einsteigen, und das sollte die Krankenpflege sein. Sie gehörten jetzt zur Jugend unserer Gemeinde und hatten sich nicht nur mit ihren Berufszielen beschäftigt. Die ganz große Liebe zum anderen Geschlecht hatte sich in ihrem Herzen Bahn gebrochen. Natürlich wollten sie einen gläubigen jungen Mann heiraten. Aber der stand nicht gleich vor der Tür. Sie waren jung und hübsch und hatten viele Verehrer.

Meine Dienstzeit auf jener Station war beendet und die Zeit des Heimataufenthaltes stand bevor. Es lag mir sehr am Herzen, dass meine beiden treuen Hilfen an der Hand Jesu weiter klar durchs Leben gingen.

Rosinhas Mutter erkrankte, darum wurde sie zunächst zu Hause gebraucht. Sie heiratete dann und lebte mit ihrer Familie in einem anderen Bundesstaat. Ich hörte nur, dass es ihr gut ginge.

Elisabete vertraute sich leider einem Trinker an, der sie betrog und sehr misshandelte. Er verbot ihr auch, weiter unter Gottes Wort zu gehen. Und wenn sie es dennoch tat, wurde sie hernach sehr geschlagen und misshandelt und hatte viel zu leiden. Ich besuchte sie nach meiner Rückkehr von Deutschland. Sie war wie verwandelt. Wie war das möglich? Nur wenige Jahre war sie mit diesem Mann verheiratet. Er starb aufgrund seiner Trunksucht an einer Lebervergiftung. Doch Elisabete war gebrandmarkt für ihr Leben. Sie wollte nichts mehr vom Evangelium wissen und schlug den Weg der Prostitution ein.

Ich begegnete ihr einige Jahre später noch einmal auf einer meiner Besuchsreisen. Wir hatten ein längeres Gespräch. Sie wollte auch wieder zurückkommen, weinte sehr und fand doch nicht den Weg zu einer echten Buße und Umkehr. Das mitzuerleben, fiel mir sehr schwer. Wenn ich an sie denke, werde ich oft an das Wort aus Psalm 16,4 erinnert: *Aber jene, die einem anderen nachlaufen, werden viel Herzeleid haben.*

Nicht nur sie hatte viel Herzeleid zu durchleben, sondern ihre ganze Familie durch sie!

In solchen Situationen steht mir immer meine ganze Ohnmacht vor Augen. Ich kann den Weg zur Umkehr wohl klar aufzeigen, aber gehen muss ihn jeder selbst.

Doch mir bleibt der Weg des Gebetes. Den will ich weiter gehen und Gott vertrauen, auch für Elisabete. Er allein kann zerbrochene Verbindungen wieder heilen.

Er bleibt der große Zurechtbringer!

Es geht auch anders

Es war auf einer meiner Besuchsreisen, Samstagnachmittag. Aus unserer Missionskirche ertönte laute Musik. Morgen, also am Sonntag, sollte ich hier den Gottesdienst halten. Da musste ich doch einmal sehen, was da los war. Als ich die Kirchentür öffnete, kam mir eine Flut von Wasser entgegen, und schon entdeckte ich zwei strahlende Gesichter, zwei Schwestern, die dabei waren, die Kirche zu säubern. Wie war ich erstaunt über die Wassermengen, die sie geschickt in alle Ecken schoben. Nach der freudigen Begrüßung musste ich meinem Herzen Luft machen und sagte: „Aber so habe ich euch das Putzen doch nicht beigebracht." Und schon kam eine von den beiden und kippte den nächsten Eimer voll Wasser mit Schwung in die Kirche. Ich konnte nur wortlos den Kopf schütteln, während sie laut lachten und mir beteuerten: „Schwester Ilse, es geht auch anders. Und Sie werden sehen, alle Ecken werden sauber." Ja, ich konnte mich hernach davon überzeugen, dass alle Ecken trocken und auch sauber waren.

Rosalina und Roseneide.

Unsere Missionskirche in Porto Brasilio.

Dass es auch anders geht, habe ich im Laufe der Jahre oft lernen müssen und bin heute noch dabei, es zu praktizieren.

Doch wer waren die beiden netten, jungen Mädchen? Ich konnte sie auf den ersten Blick gar nicht gleich identifizieren. Ja, es waren Rosalina und Roseneide, die vor Jahren mit ihren acht Geschwistern noch zu meinen Sonntagsschulkindern und zu unserer Jugend gehörten. Ich sah sie noch vor mir in ihren bescheidenen Kleidchen, die wir ihnen aus deutschen Nachthemden genäht hatten. Ganz stolz waren sie damals auf ihre deutschen Sonntagskleidchen, die ihre Mutter in unserem Basar erstanden hatte. Sie kamen mit ihren Geschwistern treu zu den Gottesdiensten.

Mein Herz war einfach mit Dank erfüllt zu sehen, was aus ihnen geworden war, und ich musste sie natürlich für ihren frohen Einsatz und Dienst loben.

Ich konnte noch miterleben, dass einige ihrer Geschwister eine klare Entscheidung für Jesus trafen. Der älteste Bruder von ihnen wohnt jetzt mit seiner Familie in meinem früheren Haus und steht zusammen mit einem Team in der Leitung der Kirchenarbeit. (Einer seiner jüngeren Brüder ist jetzt mit Priscila verheiratet.)

Auf einer anderen Station war ein junges Mädchen bestimmt worden, den musikalischen Teil in den gottesdienstlichen Stunden zu übernehmen. Das hatte sie auch gerne getan. Nur mit der Pünktlichkeit hatte sie Probleme. Sie kam oft erst, wenn der Gottesdienst längst begonnen hatte oder gar schon zu Ende war. Da konnte sie dann gerade noch das Schlusslied spielen. Was sollten wir da machen? Wir wollten sie auch nicht verletzen oder ihr den Dienst wieder abnehmen. Da suchten wir dann einfach Lieder aus, die man am Anfang genauso wie am Schluss singen konnte. So war das Problem gelöst. Wir dankten ihr und freuten uns immer, wenn sie überhaupt noch kam. Auch sie lehrte uns: Es geht auch anders! Der „andere" Weg lehrt uns Geduld. Er ist nicht schlechter und auch nicht besser, er ist eben nur anders.

Leben in der Plastiktüte

Einer unserer brasilianischen Pastoren erzählte mir bei einer Begegnung, dass er jetzt zu seinen zwei erwachsenen Adoptivsöhnen noch ein kleines Mädchen adoptiert habe. Wie das gekommen sei, wollte ich wissen:

Eines Tages war er mit seinen zwei erwachsenen Söhnen in der Stadt. Sie kamen an einer Kirche vorbei. Da bemerkten sie, dass eine Plastiktüte vor der Kirchentür lag, die sich bewegte. Als die Söhne den Vater darauf aufmerksam machten, sagte er: „Kinder, das ist der Wind." Doch die Söhne gaben sich nicht damit zufrieden. Sie wollten wissen, was in der Tüte war. Als sie diese öffneten, riefen sie laut: „Papa, ein kleines Mädchen! Das nehmen wir mit nach Hause! Wir haben doch keine Schwester!"

Der Vater entgegnete: „Kinder, das geht nicht. Denkt doch einmal, eure Mutter ist 50 und euer

Vater ist 52, da können wir nicht noch einmal ein kleines Kind annehmen!" Doch die Söhne bettelten weiter und versprachen ihrem Vater, dass sie einmal für das Mädchen sorgen wollten, wenn es die Eltern nicht mehr könnten. Schließlich willigte der Vater ein. Was würde wohl die Mutter sagen? Die Söhne brachten es der Mutter lieb und überzeugend bei, dass sie die kleine Schwester haben wollten. Sie wollten auch den schönsten Namen aussuchen. Der Familienrat beschloss, sie „Leticia" zu nennen, was auf Deutsch „Freude" heißt. So wurde sie auch standesamtlich registriert, nachdem alle Formalitäten geregelt waren. Niemand wusste, wer die richtige Mutter war und wer die „lebendige Plastiktüte" vor der Kirchentür entsorgt hatte. Doch jetzt hatte Leticia die besten Überlebenschancen!

Als ich sie das erste Mal sah, hatte sie sich schon sehr gut entwickelt. Sie gehörte jetzt einfach mit zur Familie. Dann begegnete ich ihr wieder, als sie fünf Jahre alt war. Sie war ein prächtiges Mädchen. Was wäre wohl aus ihr geworden, wenn sie in der Plastiktüte vor der Kirchentür liegen geblieben wäre? Gewiss wäre sie schon nicht mehr am Leben. Vielleicht wäre eine Müllhalde ihr Grab geworden, wie das schon unzähligen, ungewollten Kindern ergangen war und täglich ergeht!

Bei unserer Begegnung hatte Leticia ein Püppchen im Arm, das ich ihr mitgebracht hatte. Sie sagte mir: „Ich habe meine Puppe schon getauft, sie heißt Priscila. Und ich habe ihr erzählt, dass ich es viel besser hatte als sie. Sie musste die ganze Nacht in deinem dunklen Koffer liegen, ich dagegen war im

Plastikbeutel und konnte durchgucken." So gewann Leticia schon als Kleinkind ihrem Schicksal die positiven Seiten ab und war einfach zufrieden. Sie war ein Sonnenschein in der Familie. Ihre großen Brüder waren glücklich und stolz auf ihre kleine Schwester und umgekehrt war es nicht anders. Auch ihre Adoptiveltern hatten nicht nur mehr Arbeit, sondern erst recht viel Freude an dem kleinen Mädchen.

Ein paar Jahre vergingen und ich sah sie als ein tüchtiges Schulmädchen wieder.

Ihre Adoptiveltern bemühten sich sehr, ihr eine gute Schulbildung zu geben, und sie lernte fleißig.

Als ich 2007 in Brasilien war, erlaubten es die Umstände nicht, dass wir uns begegneten, doch dafür gab es ein langes Telefongespräch mit ihr. Danach wusste ich, das es ihr gut ging, und das bestätigte mir auch ihr Vater.

So befehle ich sie weiter der Gnade Gottes und seiner Führung an. Er wird sie an seiner Hand halten und den rechten Weg durchs Leben führen.

Leticia, fünf Jahre alt, mit „Priscila" auf dem Arm.

Leticia vor ihrer Schule.

Wer hat mehr Lebensrecht?

Diese Frage bewegte mich oft bei den Geburten, die ich zu verrichten hatte, besonders bei Zwillingsgeburten zweierlei Geschlechter.

Ich wurde mitten in der Nacht tief in den Wald zu einer Indianerin gerufen, um sie zu entbinden. Sie lag in ihrer Hütte auf dem Fußboden und stöhnte. Vergeblich suchte ich nach Wasser, das ich so nötig brauchte. Es war wie so oft: Das Wasser musste erst von irgendwoher, diesmal von einem nahe gelegenen Bach, geholt werden. Sauber war es bestimmt nicht, aber es war nass, und Desinfektionsmittel hatte ich immer dabei, wenn ich zu einer Geburt gerufen wurde.

Der Mann machte sich damit zu schaffen, ein Huhn einzufangen. Die Hühner waren nachts nicht in einem Stall eingesperrt, sondern hatten oben in den Bäumen ihr Nachtlager. Es sollte geschlachtet werden, damit seine Frau gleich nach der Entbindung eine Hühnersuppe, mit Maismehl angedickt, essen konnte. Das war übrigens die Nahrung, die sie ihrer Sitte gemäß 40 Tage während der Zeit des Wochenbetts essen musste. Diese Sitte hatten auch die Brasilianer übernommen. Darum kamen die Frauen, die ich entbinden sollte, manchmal gleich mit einem Huhn zu mir.

Die Indianerin ahnte nicht, dass sie zwei Kindern das Leben schenken würde. Auch ich bemerkte es erst, als ein Kind, ein kräftiger Junge, schon geboren war. Alles spielte sich bei dem flackernden Licht einer kleinen Kerze ab. Nach ungefähr 15 Minuten wurde dann noch ein Mädchen geboren. Es war wohl etwas zierlicher als sein Bruder, schrie aber kräftig und machte einen gesunden Eindruck. Die Mutter nahm den Jungen gleich an die Brust, doch das Mädchen blieb zunächst ohne Beachtung.

Nachdem Mutter und Kinder wohl versorgt waren, befahl ich sie im Gebet Gott an und verabschiedete mich.

Nach ein paar Monaten saß jene Indianermutter mit ihren Zwillingen auf dem Schoß vor dem Ambulatorium. Sie zeigte mir zuerst den Jungen, der sich prächtig entwickelt hatte. Zögernd schob sie dann das Tuch von dem Gesicht des kleinen Mädchens. Ein Bild des Erbarmens bot sich mir. Abgemagert und fast regungslos und kreidebleich lag das kleine einst so zierliche Indianerlein vor mir. Ich konnte es schier nicht fassen! Ob die Mutter nicht genug Milch hatte, beide Kinder zu ernähren? Sie sagte mir, es sei ja nur ein Mädchen und es würde ohnehin bald sterben. Nach ihrer Sitte würden die Mädchen von Zwillingen immer sterben, sie seien ja nur Mädchen und hätten keinen Wert. Das zu hören, war schockierend und tat mir weh, denn sie und ich waren ja auch nur Mädchen! Diese Anschauung vertraten nicht nur die Indianer, sondern auch viele Brasilianer im Inneren des Landes.

Doch *ich* wusste mich von Gott geliebt und wertgeachtet. Ich dachte an das Gotteswort aus Jesaja 43,4: *... weil du in meinen Augen wertgeachtet und auch herrlich bist, habe ich dich lieb ...*

Das habe ich auch der Mutter zu sagen versucht.

Aber was sollte ich nun tun? Ich setzte den Jungen vorübergehend auf eine Flaschennahrung und bat die Mutter, alle drei Stunden mit dem Mädchen ins Ambulatorium zu kommen, um das Kind zu stillen. Sie war mit den Kindern in einer unserer Krankenhütten untergebracht. Immer wieder musste ich für die Indianermutter mit ihren Zwillingen beten.

Das Wunder geschah! Die Kleine fing an, mit großen Zügen an der Mutterbrust zu trinken, so, als hätte sie ganz viel nachzuholen. Man konnte sie förmlich zunehmen sehen. Der Junge vertrug seine Flaschennahrung auch gut und nahm weiter zu. Dadurch, dass die Mutter jetzt viel intensiveren Kontakt zu ihrer kleinen Tochter hatte, entwickelte sich auch eine Liebe zu ihrem Mädchen. Jetzt streichelte sie des Öfteren das Köpfchen ihres Töchterchens und drückte sie fest an sich.

Es war einfach eine Wonne, diese Wandlung mitzuerleben. Schließlich hatte sie dann so viel Milch, dass sie beide Kinder weiter gut ernähren konnte. Aber das Mädchen behielt den Vorrang, jedenfalls solange die drei in unserer Nähe waren.

Wie ganz anders war es bei Elena gewesen.

Ihre Mutter, auch eine Indianerin, kam zur Geburt ihres ersten Kindes ins Ambulatorium am Rio das Cobras. Da hatten wir auch ein Zimmer für Indianerinnen, die ihr Kind auf der Missionsstation zur Welt bringen wollten. Schon bei der Untersuchung konnte ich feststellen, dass es sich um eine Beckenendlage handeln würde. Die Indianerin war schon älter. Während ich betend überlegte, was zu tun sei, fiel die Nabelschnur des ungeborenen Kindes vor. Nun war klar, dass sie ins Krankenhaus musste, um einen Kaiserschnitt einzuleiten. Wir hatten gerade keinen Wagen für den Transport zur Verfügung. So legte ich der Indianermutter einen Tropf, u. a. mit einem Medikament für die Durchblutung und Atmung des Kindes, weil es sich in großer Lebensgefahr befand. Ein guter japanischer Arzt und Geburtshelfer, der des Öfteren in Japan einen Fortbildungslehrgang belegt hatte, machte mich einmal auf diese Möglichkeit aufmerksam. Es war ihm eine Freude, mich über den neuesten wissenschaftlichen Stand in der Geburtshilfe zu informieren. Das wurde mir in vielen Fällen schon zu einer wesentlichen Hilfe, wie auch jetzt.

Ich kontrollierte immer wieder die Herztöne des Kindes und war froh, als wir dann die Fahrt von 30 Kilometern zur Stadt antreten konnten. Der zuständige Arzt schaute bedenklich drein und hatte wenig Hoffnung, dass das Kind lebendig geboren werden könnte. Doch das Wunder geschah, es wurde lebend geboren! Aber wie? Es schien dem Arzt unerklärlich, dass das kleine Mädchen wie aus einer Jauchegrube gezogen doch eine rosige Hautfarbe hatte und gut durchblutet war. Es schrie auch gleich kräftig. Das war ohne Frage die Wirkung der Infusionslösung, die die Frau kurz vorher bekommen hatte. Es war der erste Kaiserschnitt, der damals bei einer Indianerin durchgeführt wurde.

Glücklich und dankbar kehrte sie dann nach einigen Tagen mit ihrer kleinen Elena wieder zu uns zurück. Wenige Tage später saß sie bereits mit dem Neugeborenen vor ihrer Hütte und entlauste es. Ich konnte es schier nicht fassen, aber es war so. Dadurch, dass so viele Indianer die kleine Elena sehen und auf den Arm nehmen wollten, war so etwas möglich.

Doch wie erschüttert war ich, dass nach ungefähr zehn Tagen in der Morgenfrühe ein lautes Geschrei zu hören war, das aus dieser Hütte kam. Und schon hörte man laut und deutlich die Rufe: „Elena ist tot! Elena ist tot!" Furchtbar! Ich lief schnell hin und musste mich davon überzeugen, dass es Wirklichkeit war. Elena, die wie durch ein Wunder geboren wurde, lebte nicht mehr! Sie wurde im Schlaf erdrückt, wie so manches Kindlein zu damaligen Zeiten. Ungefähr zehn Tage setzte sich die Trauerzeremonie mit lautem Geschrei und herzzerbrechendem Wimmern fort, bis die Eltern und Nachbarn die Krankenstation verließen und wieder in ihre Indianerhütte zogen.

Auch mir war es sehr schwer ums Herz, denn Elena war wohl ein Mädchen, *aber von Gott geliebt*.

Sie blieb auch das einzige Kind in dieser Indianerfamilie.

Mausi

Mausi gehörte nicht zu unserer Gemeinde, aber ihre Mutter Dona Ana (Name ist geändert) war Mitglied bei uns. Die Familie zählte nicht zu den Ärmsten. Sie hatten ein Auto und waren besonders an den Sonntagen viel unterwegs. Doch wenn irgend möglich, kam Dona Ana zu den Frauenstunden. Ganz begeistert erzählte sie immer von ihrer Mausi, wie hübsch und wie tüchtig sie sei, wie gut sie in der Schule mitkomme, wie beliebt sie in ihrer Klasse sei und wie viele gute Freunde sie habe. Nur leider sei sie nicht ganz gesund. Sie müsse von Zeit zu Zeit einmal ins Krankenhaus. Doch es sei meistens keine ernsthafte Erkrankung. Aber darum könne sie auch die sonntäglichen Ausfahrten selten einmal genießen, sie wolle lieber mit ihren Freunden zu Hause bleiben.

Das ging über viele Monate, ja, einige Jahre so. In den Gesprächen mit Dona Ana konnte man deutlich hören, dass sich alles um Mausi drehte und sie der Abgott der Familie war. Ganz gleich, welches Gespräch wir führten, Mausi war immer der Mittelpunkt. Die Eltern waren einerseits besorgt um ihre Mausi, doch andererseits ließen sie ihr allen Willen. Mausi konnte tun und lassen, was sie wollte. Das konnte kein gutes Ende nehmen.

Eines Tages hörten wir, dass Dona Ana ernsthaft erkrankt war und vorerst nicht mehr zur Frauenstunde kommen könne. In einem seelsorgerlichen Gespräch schüttete mir die Mutter unter Tränen ihr Herz aus. Mausi, die inzwischen gut 20 Jahre alt war, hatte ihre gutmütigen Eltern betrogen. 17-mal hatte sie eine Abtreibung vornehmen lassen und immer vorgetäuscht, es ginge ihr nicht gut, darum wolle sie lieber zu Hause bleiben, wenn die Eltern sie zu einer Ausfahrt mitnehmen wollten. Nun bekamen auch die undefinierbaren Krankenhausaufenthalte eine Erklärung.

Es ist wirklich nichts verborgen, das nicht offenbar werde! Auch wenn eine Zeit darüber verstreicht. Es kommt alles ans Licht!

Kein Wunder, dass die Mutter darüber zusammenbrach. Sie war bis ins Innerste erschüttert und erkannte tief gebeugt ihre Erziehungsfehler und bekannte diese in meinem Beisein schluchzend vor Gott. Ich konnte ihr im Namen Jesu Vergebung zusprechen. Sie wollte vor Scham nicht mehr unter die Leute und auch nicht mehr zur Kirche kommen. Ich konnte ihr nur Mut machen, jetzt erst recht unter Gottes Wort zu gehen, damit sie die heilenden Kräfte des Wortes für ihre leidgeprüfte Seele empfange. Es war ja nicht mehr möglich, die begangenen Erziehungsfehler rückgängig zu machen oder geradezubiegen, aber sie konnte als eine, die Vergebung ihrer Schuld empfangen hatte, Jesus vertrauen, dass er sich ihrer Tochter annehmen wolle. Er ist und bleibt der Heiland. Bei ihm gibt es kein Auflisten unserer Sünden. Er vergibt *alle* unsere Schuld und heilt *alle* unsere Gebrechen und er handelt nicht mit uns nach unseren Sünden. So können wir es im 103. Psalm lesen.

Mausi hatte dann noch ein Kind von einem verheirateten Mann, bei dem sie wohnte. Ich begegnete ihr einmal am Gartenzaun. Das Erbarmen packte mich, als ich sie sah. Da war nichts mehr von Schönheit und jugendlicher Frische zu sehen. Sie glich eher einer welkenden Blume. Ich hatte ein kurzes Gespräch mit ihr und lud sie freundlich zum Gottesdienst ein. Sie sollte wissen, dass sie nicht abgeschrieben war und trotz allem auch ihr die Liebe Gottes galt. Bewegten Herzens befahl ich sie Jesus im Gebet an, der auch heute noch Sünder annimmt und ein Herz für gestrandete Menschen hat.

Auf fast allen Missionsstationen bin ich Frauen begegnet, die mich baten, eine Abtreibung einzuleiten, weil sie nach ihrer Sicht das Kind nicht austragen könnten. Manches Mal wurde diese Ansicht auch medizinisch begründet, das Kind habe eine Anomalie. Aber nicht selten wurde dann ein kerngesundes Kind geboren. Erstaunlich war, dass selbst die Ärmsten diesen Eingriff teuer bezahlen wollten. Doch ich ließ mich durch alle Bestechungskünste nicht dazu bewegen, einen Mord zu begehen. Denn *jede Abtreibung ist eine Vernichtung entstehenden Lebens.* Außerdem wäre mir dann das Hebammenexamen entzogen worden, ich hätte nach dem Gesetz drei Monate Gefängnisstrafe bekommen und wir hätten unsere Missionsstation schließen müssen.

Doch bindend für mein Gewissen war immer zuerst Gottes Wort: „Du sollst nicht töten."

Wenn es die soziale Situation der Familie nicht erlaubt hätte, noch einem Kind das Leben zu schenken, hätte ich mich eifrig bemüht, eine Adoptivfamilie zu suchen, die das Kind gerne zu der schon vorhandenen Kinderschar angenommen hätte. Doch es ist nie dazu gekommen, weil es die Mutter nach der Geburt dann doch behalten wollte. Manchmal sagten sie mir erklärend: „Wissen Sie, Schwester Ilse, ein Bohnenesser mehr ist immer noch zu verkraften, wo sechs Kinder Bohnen essen, wird das siebte auch noch satt."

Andere suchten weiter nach jemandem, der die Abtreibung durchführte. Doch sie brauchten meistens nicht lange zu suchen. Die sogenannten „Waldhebammen und Zauberinnen", die ohne Ausbildung und medizinischen Kenntnissen praktizierten, waren meistens dafür bereit. Nicht selten wurden dann die Frauen, die dem Verbluten nahe waren, noch schnell zu mir gebracht

Ich hätte mehr als einmal eine Anzeige erstatten können, habe es aber nicht getan. Es waren ja nicht nur die vielen ungeborenen Kinder, die umgebracht wurden, sondern der brutale Eingriff kostete auch manch einer Mutter das Leben.

Doch der lebendige Gott selbst griff ein, als eine vom Volk verehrte Zauberin, selbst Mutter von mehreren Kindern, ihr nächstes Kind selbst abtreiben wollte. Bei vielen Müttern hatte sie bereits Abtreibungspraktiken ausgeübt. Kurz vor der Geburt ihres eigenen Kindes wollte sie sich dieses nehmen lassen und hatte alles dafür vorbereitet. Da setzte plötzlich eine massive Blutung ein, an der sie unter qualvollen Schmerzen starb.

Dieses Geschehen war eine unüberhörbare Sprache Gottes für viele.

Gott sagt in seinem Wort:

126

Irret euch nicht! Gott lässt sich nicht spotten. Denn was der Mensch sät, das wird er ernten (Gal. 6,7).

Furcht und Schrecken packen mich jedes Mal, wenn ich daran denke, dass wohl viele ungeborene Kinder einmal ihre Mütter in der Ewigkeit als Mörderin anklagen werden! Ich bete darum, dass noch viele Menschen zu Lebzeiten seelsorgerliche Hilfe suchen, um Vergebung ihrer Schuld zu erfahren!

Fürsorge besonderer Art

Gabriel war damals ungefähr sechs Jahre alt. Er ist der Adoptivsohn von unseren Missionaren Martin und Dorothea Kahl, die mit mir auf demselben Grundstück wohnten. Darum war er auch mit allem vertraut, was sich in der Nachbarschaft abspielte. So hatte er des Öfteren mitbekommen, wer meine Patienten waren. Da kam es vor, dass er zu mir in den Garten kam und sagte: „ Schwester Ilse, es ist Kundschaft für dich da, eine Frau. Du kannst aber ruhig erst noch hier weiterarbeiten, sie stöhnt noch nicht!" Bis ich dann kam, hatte Gabriel schon ein Gespräch mit der Frau geführt. So wusste er bereits, woher sie kam und ob sie schon Kinder hatte und manches mehr. Die Anamnese war also schon aufgenommen.

Ein anderes Mal war er ein Mutmacher für ein krankes Kind, das große Angst vor der Behandlung hatte. Gabriel sprach ihm Mut zu und sagte: „Es tut überhaupt nicht weh und weißt du, die Schwester hat ein großes Glas voll Gummibärchen, wenn du nicht weinst, schenkt sie dir eins oder vielleicht auch zwei."

Ja, der Kleine war sehr tapfer, er weinte nicht und wurde natürlich mit Gummibärchen belohnt. Hernach fragte Gabriel mich, ob er geweint habe. Nein, das hatte er nicht. Doch nun musste ich meinen kleinen Mutmacher für seinen „vorbereitenden Dienst" natürlich auch belohnen.

Einem anderen Kind wollte ich das Danke-Sagen beibringen. Der Kleine stand in meinem Ambulaorium vor dem Glas mit den Gummibärchen und schaute sie sehnsüchtig an. Als ich ihm eins schenkte, fragte ich ihn: „Und was sagt man jetzt?" Prompt kam die Antwort: „Ich möchte noch eins." Kann man da Nein sagen?

Wenn wir auf unserer einsamen Missionsstation Besuch bekamen, war das immer ein Fest. Darum gab es dann und wann auch einmal gebratene Hühnerbeine zum Mittag oder Abendbrot. Da setzte sich Gabriel meistens neben mich und flüsterte mir schon vorher ins Ohr: „Du kannst mir ruhig die Haut geben. Und wenn noch etwas Fleisch dran ist, das macht gar nichts." Das war Fürsorge besonderer Art.

Es war Winter. Der brasilianische Winter hatte es immer in sich. Wir fürchteten ihn mehr, als den Sommer. Dadurch, dass unsere Häuser eine andere Struktur als die europäischen Häuser hatten und auch nicht beheizbar waren, fegte der kalte Wind durch alle Ritzen und Fugen. Zudem hatten wir meistens sehr hohe Luftfeuchtigkeit, sodass wir die Kälte sehr zu spüren bekamen. Nicht selten waren unsere Betten klamm, wenn wir sie am Abend aufsuchten. Und die Handtücher waren am nächsten Morgen noch feucht vom Vortag. Ja, ich fror in Brasilien mehr als im strengsten Winter in Deutschland, obwohl es eigentlich längst nicht so kalt war.

Da kam eines Tages der Vater einer kinderreichen Familie zu mir. Ich kannte ihn gut, denn ich hatte seine Frau schon einige Male entbunden. Er fragte mich besorgt, ob ich nicht eines seiner Kinder als Wärmflasche haben wollte, damit ich nicht so frieren müsse. Auch das war Fürsorge der besonderen Art. Vielleicht hatten sie aber auch für jenes Kind gar keinen Platz zum Schlafen in ihrer Hütte? Das alles war möglich.

Ein Mann hatte den Namen Nivaldo. Weil er eine dunkle Hautfarbe hatte, wurde er nur der „schwarze Nivaldo" genannt. Er wohnte mehrere Kilometer von unserer Station entfernt auf einem kleinen Gehöft.

Die Zeit war gekommen, dass ich seine Frau entbinden sollte. Dadurch war ich in näheren Kontakt zu der Familie gekommen. Die große Dankbarkeit der Familie bewegte mich tief. Sie waren so dankerfüllt dafür, dass alles so gut verlaufen war, dass sie immer wieder überlegten, womit sie mir eine Freude bereiten könnten. Der Mann kam oft und brachte mir mit der Schubkarre Obst und Gemüse und eine Kanne voll Milch, sodass ich immer etwas zum Weitergeben hatte.

Eines Tages brachte er mir ein kleines Schaf, damit ich nicht mehr so viel Gras mähen müsste. Auch das war Fürsorge besonderer Art! Doch mein Schaf war auch an Rosen und anderen Pflanzen interessiert, sodass ich mich eines Tages wieder von ihm trennen musste. So erfuhr ich auf allen meinen Dienstplätzen auf mancherlei Art und Weise die Treue und Fürsorge Gottes.

Nachbars liebes Federvieh

Es war mir immer ein Anliegen, gute Nachbarschaft zu pflegen, ganz gleich, auf welcher Station es auch war. Man konnte ja nie wissen, wie man sich gegenseitig brauchte.

Auf einer Station war Spinat, den ich nicht ausgesät hatte, aufgegangen, und ich träumte schon davon, ihn eines Tages ernten zu können. Die Brasilianer sahen ihn als Unkraut an und mochten ihn darum nicht. Aber ich freute mich sehr, zumal wir ja nirgendwo Gemüse kaufen konnten, es sei denn, wir pflanzten selbst etwas an.

Der Tag war gekommen und ich konnte meinen Spinat ernten. Doch was sollte ich dazuessen? Kartoffeln gab es nicht, aber ich hatte eine Mandiocarwurzel, die noch besser als Kartoffeln schmeckte. Doch bevor ich den Spinat abschnitt, dachte ich: Wenn ich jetzt noch ein Spiegelei dazu hätte, wäre das Sonntagsessen komplett. Aber ich hatte kein Ei. Doch was musste ich entdecken? Da lagen doch sage und schreibe mitten im Spinatbeet ein Dutzend Eier! Wie waren die wohl dahingekommen? Das konnten nur Nachbars Hühner gewesen sein!

So legte ich die Eier in einen Korb und ging zur Nachbarin. Ja, es waren ihre Hühner gewesen, die die Eier in den weichen Spinat gelegt hatten. Gerne schenkte sie mir alle Eier. Ich konnte sie dann mit Medizin erfreuen, die sie so nötig brauchte.

Auf einer anderen Station standen die Nachbarn am Gartenzaun und sahen staunend zu, wie ich die Salatpflänzchen pikierte. Das schien für sie etwas ganz Neues zu sein. Nein, diese Deutschen, was die alles machen! Die ziehen von einem Ende zum anderen eine Schnur, messen mit einem Hölzchen den Abstand ab, machen ein Loch in die Erde und stecken dann ein Pflänzchen in das Loch. Dann gießen sie noch alles! Da geht es bei uns doch viel einfacher zu. Wir werfen das Saatgut auf die Erde. Irgendwann wird es schon mal regnen und dann wird alles wachsen. Das war ihre Ansicht. Nur ernteten sie auf diese Weise keinen Salat. Dafür sorgten die Hühner, die immer frei herumliefen. Einen Hühnerstall gab es nicht. Sie saßen nachts in den Bäumen und für ihre Eier suchten sie sich irgendwo auf dem Grundstück oder außerhalb einen Platz.

Doch Nachbars Hühner blieben nicht nur auf ihrem Grundstück. Wo sie frische grüne Pflänzchen erspähen konnten, waren sie zur Stelle und pickten im Handumdrehen auch meine Saatpflänzchen weg. Was sollte ich da machen? Ich wollte doch gute Nachbarschaft pflegen, aber ich wollte auch gerne meinen Salat ernten.

Da rief ich die Nachbarin – eine namhafte Zauberin – an den Gartenzaun und fragte sie freundlich, ob sie gerne Salat äße? Das bejahte sie. Dann sagte ich ihr: „Ich auch, aber sehen Sie einmal, Ihre Hühner haben alle Pflänzchen weggepickt. Was können wir da wohl machen?" Sie bedauerte es und machte den Vorschlag, allen Hühnern die Flügel zu beschneiden, damit sie nicht mehr über den Zaun fliegen konnten. Ich versprach ihr, dass sie die ersten Köpfe Salat bekommen sollte, wenn ihre Hühner nicht mehr kämen. Abgemacht! Es dauerte zwar noch mehrere Tage, bis sie alle Flügel beschnitten hatte. Doch als der erste Salat, den ich natürlich noch einmal neu aussäen musste, erntereif war, löste ich mein Versprechen ein und beglückte sie mit Salat. Die Freude war groß! Dann rief sie mich wieder und schenkte mir als Dank drei Eier. So pflegten wir eine gute Nachbarschaft.

Doch das Schönste war, dass sie unsere Einladung annahm und eines Tages zur Frauenstunde kam. Mit großer Inbrunst sang sie die Lieder mit, die ihr ja schon in der Nachbarschaft ans Ohr gedrungen waren. Selbstverständlich wollte sie sich auch nützlich machen. Wir hatten zu der Zeit einen Sack voll Schafwolle geschenkt bekommen. Diese musste entfilzt werden, damit wir sie dann als Füllung für Bettdecken verarbeiten konnten. Dona Zuina hatte dafür besonderes Geschick. So war sie uns eine große Hilfe. In jeder Frauenstunde gab es auch eine Andacht zu hören. Wenn dann eine Woche später die Wiederholung der biblischen Geschichte an der Reihe war, beteiligte sie sich selbstverständlich. Ich konnte nur staunen und mich freuen über alles, was sie in ihrem Herzen gespeichert hatte. Möge es ihr zum Segen werden!

132

Eine gute Lösung

Unserem Grundstück gegenüber lag über Jahre ein großes Kaffeefeld. Es war herrlich anzusehen, wenn die Kaffeesträucher in weißer Blüte standen und wunderbar dufteten.

Die Kaffeebohnen sind zuerst grün, dann rot, dann schwarz zum Ernten.

Es ist schon interessant zu wissen, wie der Kaffee überhaupt nach Brasilien kam. Er wurde im Jahre 1927 eingeführt. Zu der Zeit wurde in Guyana die Ausfuhr von Kaffee mit dem Tod bestraft. „Dom" Franzisco hatte einen originellen Einfall. Er soll in einem riesigen Blumenstrauß ein paar Kaffeebohnen nach Brasilien geschmuggelt haben, die einen guten Ertrag brachten. Heute ist Brasilien eines der wichtigsten Kaffeeländer der Welt.

Damit Nachbars Hühner, Schweine und Kühe nicht immer darin herumspazierten und so die zum Teil jungen Pflanzen zerstörten, ließ Herr Kahl eine Hecke von rotem Christusdorn pflanzen. Das war eine mühsame Arbeit, um das ganze Grundstück herum Ast für Ast zu pflanzen. Doch es lohnte sich!

Er ist schnell ganz dicht und hoch gewachsen. Man konnte ihn förmlich wachsen sehen, sodass selbst die Hühner keine Lücke mehr zum Durchschlüpfen fanden. So gab es keine Eier mehr im Kaffeeland! Aber es war auch kein Stoff mehr für ein Wortgefecht vorhanden. Wir wollten doch eine gute Nachbarschaft pflegen!

Das war eine gute Lösung, die sogar noch wunderbare Folgen hatte.

Dadurch, dass der Christusdorn von Zeit zu Zeit beschnitten werden musste, stellten sich viele Interessenten ein, die gern die abgeschnittenen Äste mitnahmen, und wir waren froh, diese nicht entsorgen zu müssen. Auch unsere Nachbarn wollten welche haben. Sie wollten sich auch so einen Gartenzaun anlegen. Heute kann man die Grundstücke nicht mehr zählen, die solch einen „lebendigen" Zaun haben. Der ganze Ort verwandelte sich mit einem Mal in ein attraktives Bild. Da kamen sogar die Hütten, die zum Teil sehr baufällig waren, und mancher Unrat, der hinter dem roten Christusdorn verborgen war, nicht gleich ins Blickfeld.

Der Christusdorn wächst fast so schnell wie bei „Dornröschen".

Der Bürgermeister unserer Kreisstadt kam ab und zu mit einer Delegation von prominenten Leuten, um unsere Missionsstation vorzustellen, die er als vorbildlich bezeichnete.

Zitronensaft mit Händen und Füßen

Wir hatten auf unserem Grundstück mehrere Obstbäume stehen, die Missionar Kahl nach und nach angepflanzt hatte. Da gab es einige Sorten von Apfelsinen, verschiedene Sorten Mandarinen, zwei Sorten Caqui Maracuja, Papaya, die in Brasilien Mamao heißen, und einige Feigenbäume und noch mehr.

Es war klar, dass nie alles von heute auf morgen reif war. Mitunter dauerte es Jahre, bis wir und unsere lieben Nachbarn in den Genuss der Früchte gelangen konnten. Natürlich hatten wir auch verschiedene Sorten von Bananenstauden. Diese und auch die Zitronenbäume mit roten Zitronen fehlten fast auf keinem Grundstück.

Eine junge Bananenpflanze, die hinter der Blüte schon einige Dutzend Bananen kreisförmig angesetzt hat.

Eine Maracujasorte mit Frucht und Blüte.

Von den Zitronenbäumen konnten wir über viele Monate Zitronen ernten. Wir mochten die roten Zitronen sehr gerne. Sie waren genauso sauer wie die anderen, nur viel saftiger. Weil wir in einer sehr heißen Gegend lebten, lag es auf der Hand, dass wir viel Zitronensaft tranken. Um den Durst schneller zu löschen, fügten wir eine Prise Salz und ganz wenig Zucker hinzu. Das schmeckte gut und war gleichzeitig Vorbeugung und ein Heilmittel gegen Austrocknung.

Apfelsinenbaum mit reifen Früchten.

Da kam eines Tages eine Frau zu mir ins Ambulatorium. Sie war nicht krank, sondern wollte nur einmal wieder ihr Gewicht überprüfen lassen, bevor sie mit ihrer Familie an einen anderen Ort zog. Sie sagte zu mir: „Schwester Ilse, ich glaube, ich habe zugenommen, denn ich habe so viel Zitronensaft getrunken. Der schmeckt ja so gut!" Nun, es waren fast zwei Kilo! Ich schaute sie nachdenklich an und sagte zu ihr: „Es sollte mich nicht wundern, wenn der Zitronensaft eines Tages Händchen und Füßchen bekommen würde."

Ja, Hebammenaugen sehen manchmal auch, wenn im Zitronensaft etwas lebt! Wir verabschiedeten uns lachend voneinander.

Auch eine Maracujasorte.

Nach einer Reihe von Jahren begegneten wir uns wieder. Sie lud mich ein, sie zu besuchen. Dann rief sie Sara, eine ihrer Töchter und stellte sie mir vor. Sie sagte: „Schwester Ilse, Ihre Prognose war richtig. Der Zitronensaft von Porto Brasilio hat Wunder gewirkt und wirklich Händchen und Füßchen bekommen. Sie hatten recht! Nun können Sie selber sehen, was aus dem Zitronensaft von damals geworden ist."

Wir lachten herzlich und dankten Gott für das gesunde, hübsche Mädchen.

Rund um Weihnachten

Kinder haben eine reiche Fantasie, nicht nur in Deutschland, auch in Brasilien.

Carlito wollte wissen, was „triunfantes" für Tiere seien, ob man sie auch im Zoo sehen könne wie die Elefanten, denn die hatte er gern. Ach, darum hatte er immer gesungen: „O, vem elefantes."

Wir hatten mit der Gemeinde das Weihnachtslied: „Herbei, o ihr Gläubigen" gesungen. Das heißt in Portugiesisch: „O, vem triunfantes ..." Ich versuchte Carlito zu erklären, dass triunfantes keine Tiere, sondern Menschen seien, die den Herrn Jesus lieb haben und an ihn glauben. Ob er es verstand? Ich glaube nicht, denn als wir das Lied wieder anstimmten, schmetterte er mit Inbrunst. „O, vem elefantes." Die konnte er sich wenigstens vorstellen.

Natürlich sangen wir auch: „Hosianna in der Höhe." Damit hatten die Zwillinge Hanna und Dorothea Probleme, ja, es brach regelrecht eine Eifersuchtsszene unter ihnen aus. Dorothea konnte es nicht verkraften, dass nur Hanna besungen wurde. Aus Protest sang sie dann jedes Mal, wenn in einem Lied „Hosianna" vorkam, lauthals: „Hosithea in der Höhe."

Kurz vor Weihnachten brachen die Masern aus.

Das war ein Husten und Prusten im ganzen Ort. Was würde nun aus unserem Krippenspiel werden? Ein „Hirte" nach dem anderen lag flach. Da sagte Gabriel: „Ich komme aber! Die Hirten waren doch nachts auf dem Felde und da kann man auch mal husten!" Das war einleuchtend. Er hatte seine Freunde auch dazu ermuntert. Ich glaube, es hat weder vorher noch nachher einen Gottesdienst bei uns gegeben, bei dem so viel gehustet wurde wie in diesem „Spezial-Weihnachtsgottesdienst". Es bereitete den Hirten natürlich große Freude, dass sie laut bellend husten konnten. Sie spielten „ihre Rolle" bestens. Jedenfalls schlief niemand ein!

Nach Weihnachten erzählte ich den Kindern in der Sonntagsschule den biblischen Bericht von der „Flucht nach Ägypten". Sie waren wie immer aufmerksame Zuhörer. Einen Sonntag später war die Wiederholung der Geschichte an der Reihe. Diese ließ ich mir von den Kindern erzählen. Ich staunte, was sie alles behalten hatten. Aber ihre Fantasie war auch nicht untätig geblieben.

Auf meine Frage, was die Eltern wohl alles mitgenommen hätten, sagten sie: „Mützen und Windeln und ein Jäckchen." Mützen waren für unsere Leute der Inbegriff einer Babyaussteuer. Die waren meistens vorhanden, wenn ich zu einer Geburt gerufen wurde. Aber das war dann oft auch das Einzige, was sie hatten, und diese waren unter dem Maisstrohsack, der als Matratze diente, zu suchen.

Doch dann meldete sich noch ein Kinderstimmchen. Ein kleiner Junge rief laut: „Und ganz viele Bananen für Maria und Joseph, denn die hat-

139

ten doch auch Hunger." Und wer weiß, ob es in Ägypten Bananen gab? (Daran hatte ich allerdings beim Erzählen der biblischen Geschichte nicht gedacht.)

Die Weihnachtszeit ist in Brasilien normalerweise die heißeste Zeit des Jahres, denn da ist Hochsommer! Verständlich, dass gerade um diese Zeit die Moskitos auch Hochsaison haben und uns am Tag wie in der Nacht viel zu schaffen machten. Oft konnten wir nachts nur unter einem Moskitonetz etwas Ruhe finden, wenn wir nicht durch das Surren der Moskitos, die unser Netz umschwirrten, gestört wurden.

Aber es gab auch sogenannte Weihnachtskäfer, die unseren Maikäfern ähnlich sind und auch laut surrten. Man konnte sie schnell erkennen, weil sie mit ihren Augen wie zwei Stecknadelköpfe leuchten. Im Allgemeinen waren sie unschädlich. Sie konnten sich wie die Maikäfer mit ihren Beinen festkrallen. Die Kinder fingen sie gerne ein und trieben oft auch ihren Schabernack damit. Unser Gabriel war ein Meister darin. Natürlich wurden sie dann und wann auch mit in den Gottesdienst genommen. Dafür waren die Hosentaschen ein willkommenes Versteck.

Da konnte es vorkommen, dass man plötzlich solch einen Weihnachtskäfer an den Hals gesetzt bekam. Das löste dann Schrecken bei den Betroffenen und große Freude bei den kleinen Übeltätern aus. So konnte einfach keine Langeweile aufkommen!

Es war Heiligabend! Das Thermometer zeigte immer noch 38° C an. Auch der Gedanke, dass es in Deutschland jetzt bestimmt winterlich kalt und weihnachtlich beschaulich war, brachte keine Abkühlung und ließ keine sentimentale Stimmung aufkommen.

Dafür mussten wir uns mit anderen Dingen auseinandersetzen. Es war Erntezeit. Die Erdnüsse waren reif. Wer nur irgend konnte, ob jung oder alt, war auf dem Feld. Da dachte niemand daran, dass ja heute Heiligabend war. Der hatte ohnehin in Brasilien keine große Bedeutung. Dafür wurde am nächsten Tag der Weihnachtsgottesdienst festlich begangen. Es gab sowieso, wie an Ostern, nur einen Feiertag! In den Städten konnte man allerdings schon einige Monate vor Weihnachten aus den Supermärkten Weihnachtslieder in mehreren Sprachen singen, dudeln oder auch herausschreien hören. Doch diese moderne Welt war noch nicht bis zu uns ins Innere des Landes vorgedrungen. Wir hatten unseren Blick eher auf das Wetter gerichtet. Wer weiß, vielleicht würde es morgen regnen? Darum sollte heute die Ernte noch eingebracht werden.

Ich war nicht mit auf dem Feld, hatte dafür aber Hochbetrieb im Ambulatorium. Immer wieder klingelte es. Wollten die Menschen alle vor Weihnachten noch gesund werden? Plötzlich hörte ich lautes Geschrei. Als ich die Tür öffnete, stand die Polizei vor mir. Zwei Polizisten hatten eine kreischende Frau im Schlepptau, die sich mit ihrem Mann gestritten und einige Verletzungen am Arm hatte. Als ich sie verarztet hatte, brachten sie mir das nächste Opfer, eine alte Frau, deren Mann sie mit dem Presstopf erschlagen wollte. Sie hatte etliche Wunden am Kopf, und ganz nüchtern war sie auch nicht. Kurz danach kam ein Mann. Er war Vater von sechs Kindern und als Taxifahrer im Ort bekannt. Er erklärte mir, dass ihm ein „Ausrutscher" passiert sei und bat mich darum, die junge Frau, die er aus seinem Wagen holte, einmal zu untersuchen. Sie sei im vierten Monat schwanger und er wollte wissen, ob es dem Kind gut ginge. Und das alles am Heiligen Abend! Es kamen noch einige andere Patienten. Aber dann gab ich alles Durchlebte im Gebet an Jesus ab und freute mich auf den Abend. Da wollte ich nämlich zusammen mit Familie Kahl, unserer Tradition und Kultur gemäß, den Heiligen Abend feiern.

Wir sangen einige Weihnachtslieder, lasen die Weihnachtsgeschichte und wollten gerade das festliche Abendbrot einnehmen, als wir ein heftiges Klatschen vor der Haustür vernahmen. Wer mochte das sein? Draußen stand Dona Tereza, die Frau des Mannes, der am Nachmittag bei mir gewesen war. Sie wollte mit mir sprechen. Wir luden sie zunächst zum Abendessen ein, doch sie konnte kaum einen Bissen zu sich nehmen, so sehr nagte der Herzenskummer an ihrer Seele. Hernach ging ich mit ihr ins Ambulatorium, wo sie ihren Tränen erst einmal freien Lauf ließ. „Schwester Ilse, helfen Sie mir", brachte sie nur stotternd hervor. „Mein Mann hat die Francisca nach Hause gebracht, weil ihre Brüder ihn umbringen wollten. Das Kind, das sie erwartet, soll von ihm sein. Ich werde ihn noch heute verlassen und nehme meine sechs Kinder mit!" Und das am Heiligen Abend! Während sie mir ihr Herz ausschüttete, flehte ich innerlich zu Gott und bat ihn um Weisheit und sein Erbarmen für diese leidgeprüfte Frau. Dann betete ich mit ihr. Anschließend sagte sie mir: „Es ist mir während des Gebetes klar geworden, dass ich die Francisca als meine Tochter annehmen soll. Es fällt mir schwer, aber ich will es tun. Und morgen bringe ich sie mit in den Weihnachtsgottesdienst."

Das war trotz allem schweren Erleben an diesem Heiligen Abend noch ein Sieg, der nicht uns, sondern allein Gottes Gnade zuzuschreiben war. Nun konnten wir am nächsten Tag von Herzen mit einstimmen: *Ehre sei Gott in der Höhe und Friede auf Erden und den Menschen ein Wohlgefallen.*

Francisca konnte sich jedoch in ihrer neuen Umgebung nicht eingewöhnen und kehrte nach einigen Wochen wieder in ihr Elternhaus zurück. Dort soll das Kind zur angegeben Zeit gesund geboren worden sein.

Wie war das nur möglich?

Ich hatte mir in Curitiba auf dem Markt herrliche Rosenpflanzen gekauft und sie gut mit dem Omnibus die fast 700 Kilometer auf meine Station gebracht und dann eingepflanzt, damit die Rabatte vor dem Haus schön aussah. Doch die Schönheit währte nicht lange. Eines Morgens waren alle Rosenpflanzen verschwunden. Wie war das nur möglich? Kurze Zeit später stellte sich heraus, was geschehen war. Es gab noch andere Liebhaber meiner Rosen. Ein Mädchen erklärte mir, ihre Mutter habe zu ihr gesagt, dass gestohlene Blumen am besten wachsen. Was sollte ich da machen? Nachdem sich meine Empörung gelegt hatte, dachte ich: Hauptsache, jemand freut sich daran, egal, ob ich das bin oder andere.

Wie war das nur möglich? Wir hatten am Morgen die Frösche aus unserem Haus entfernt und diese am großen Paranafluss ausgesetzt. Er war ja nur einige 100 Meter von unserem Grundstück entfernt. Doch siehe da, am Abend saßen sie wieder an derselben Stelle im Haus. Das war für uns unerklärlich. Doch was sollten wir tun? Manche Dinge muss man einfach akzeptieren.

Wie ganz anders war es, als wir im Wohnzimmer auf dem Tragegriff des Radios eine Schlange entdeckten. Wie mag die wohl dahingekommen sein? Ob es einen Zusammenhang gab, dass Frösche die Schlangen anziehen, oder auch umgekehrt? Die konnten wir natürlich nicht akzeptieren. Auch die sechs neugeborenen Katzen nicht, die eines Abends vor dem Schlafzimmerfenster für ein miauendes Nachtkonzert sorgten. Die mussten am nächsten Tag mit dem Paranafluss Bekanntschaft machen und sind nicht wiedergekommen. Dem Katzenbesitzer hatte ich gelegentlich den Rat gegeben, das nächste „Zuviel" an Katzen selbst zu entsorgen. Er bedankte sich mit einer tiefen Verbeugung und wollte den Rat befolgen.

Doch wie war *das* nur möglich? Es war an einem Sonntagmorgen. Von nah und fern kamen die Familien mit ihren Kindern zu Fuß, zu Pferd oder mit dem Pferdewagen zum Gottesdienst, den ich zu halten hatte. Nach dem Gottesdienst gab es noch einige Gespräche. Dann traten alle dankbar den Heimweg wieder an. Ein Mann wollte noch eine Rechnung begleichen und folgte mir ins Ambulatorium, das während des Gottesdienstes immer geschlossen war. Wie war ich erschrocken und erstaunt, feststellen zu müssen, dass während des Gottesdienstes in mein Haus eingebrochen worden war. Wie war *das* nur möglich bei verschlossenen Türen? Ich konnte dem Mann kein Wechselgeld geben, weil alles gestohlen war. Wer mochte das nur gewesen sein? Dieser Akt wiederholte sich an drei aufeinanderfolgenden Sonntagen, bis der Täter entdeckt wurde. Es war ein 16-jähriger Jugendlicher, der nicht weit entfernt von uns wohnte. Man sah ihn selten, weil er oft mit seinen Freunden irgendwo herumstrolchte. Wie wir hörten, war es nicht der einzige Diebstahl, den er begangen hatte. Die Eltern waren tief bekümmert, hatten sie doch in all den Jahren viel Hilfe von mir erfahren. Der Vater beglich den Schaden, doch allein die Tatsache und der Schrecken, dass jemand es gewagt hatte, wiederholt in mein Haus einzubrechen und alles zu durchwühlen, hat mich noch lange bewegt. Wie sollte ich mich nun der Familie gegenüber verhalten? Ich besuchte sie und führte ein offenes Gespräch mit ihnen. Ich gewährte dem Jungen Vergebung und lud sie alle ein, unter Gottes Wort zu kommen. Der Jugendliche war auch anwesend, wollte mich aber nicht anschauen, doch dann streckte er mir ganz zaghaft die Hand entgegen und sagte: „Verzeih mir!" Das habe ich gerne getan und erst recht für die Familie gebetet. Wir sind weiter in gutem Kontakt geblieben.

Ganz aufgeregt war Adriana von der Schule nach Hause gekommen und hatte gerufen: „Mutter, es ist etwas ganz Schlimmes passiert. Die Lehrerin hat gesagt, Schwester Ilse habe sich beide Arme gebrochen!" Die Mutter wollte ihre Tochter beschwichtigen und sagte: „Bist du still, der Mensch bricht sich immer nur einen Arm, wie kannst du nur so etwas in die Welt setzen!" Doch Adriana blieb bei ihrer Aussage und bekräftigte diese noch mit den Worten: „Und was die Lehrerin sagt, das stimmt!" Daraufhin rief die Mutter ihre vier Kinder, zog sie ordentlich an und machte sich auf den Weg. Plötzlich standen alle vor meiner Haustür und ich stand mit meinen beiden Gipsarmen vor ihnen. Die Mutter wollte wissen, ob ich wirklich beide Arme gebrochen hätte. Sie meinte immer noch, das gäbe es nicht. Ich hätte den anderen Arm doch bestimmt nur in Gips gelegt, damit beide Arme gleich aussehen sollten. Sie wollte ihre Tochter verprügeln, wenn sie die Unwahrheit gesagt hätte. Doch diese triumphierte, denn sie hatte recht. Ich musste der Mutter eine genaue Erklärung abgeben, wie alles geschehen war. Dann bedauerten sie mich und gingen bedrückt wieder fort.

Eine andere Frau stand weinend vor mir, weil sie in 14 Tagen zur Entbindung ihres zweiten Kindes zu mir kommen wollte. Die erste Geburt war so gut verlaufen, dass sie sich selbstverständlich beim zweiten Kind wieder einen Termin bei mir erbat. Sie schluchzte nur: „Bitte, Schwester Ilse, entbin-

146

den sie mich, ich störe mich auch überhaupt nicht an ihren Gipsarmen!" Doch wie sollte das gehen? Ich konnte ihr nur Mut machen, diesmal in die Stadt ins Hospital zu gehen. So musste ich viele Patienten einfach fortschicken oder sie mit einem guten Rat trösten. Andere waren stolz, dass sie sich unter meiner Aufsicht die Medizin selbst aus dem Regal holen durften.

Doch wie war es zu diesem Missgeschick gekommen? Es war ein Tag wie jeder andere auch. Viele Hilfe suchende Patienten waren behandelt worden. Der Tag neigte sich. Nun wartete nur noch die Gartenarbeit auf mich, nämlich die frisch bepflanzten Beete zu bewässern. Das war ein guter Ausgleich zu dem Umgang mit all den kranken Menschen. Dafür stand ein großer Wasserkasten im Garten zur Verfügung, der 1000 Liter Regenwasser fasste. Fast jeden Abend nahm ich mir gerne die Viertelstunde für diesen Dienst. Das Tagewerk war geschafft und ich wollte schnell meine Gießkanne in Sicherheit bringen. Meistens sprang ich dann über die kleine Mauer, die unsere Beete vor Erosionen schützen sollte. Doch diesmal gelang mir der Sprung nicht. Ich blieb mit dem linken Fuß in der Schürze hängen und wollte mich rasch auf dem Deckel der Wasserkiste, die vor mir stand, abstützen. Doch mit meinen nassen Händen rutschte ich auf dem glatten Deckel ab und schlug mit voller Wucht mit beiden Handgelenken auf den Zementsockel. Da war es geschehen! Es war mir klar: Meine Arme waren gebrochen! Und jetzt? Familie Kahl war zum Dienst in unserer Kreisstadt Querencia; sie würden erst sehr spät nach Hau-

147

se kommen. Es gab keine telefonische Verbindung. Langsam schleppte ich mich unter großen Schmerzen, der Ohnmacht nahe, zu meinem Haus.

Ein Auto kam. Auch das noch! Halt, war das nicht das Geräusch unseres VW Kombis? Ja, wirklich! Familie Kahl kam schon zurück, weil die geplante Evangelisationsstunde nicht stattfinden konnte. Wie war ich froh! Schnell wurden meine Arme geschient und los ging die Fahrt in die Stadt. Vor jedem Erdloch machte mich Herr Kahl darauf aufmerksam, noch einmal die Zähne zusammenzubeißen.

Es war eine lange Fahrt. In der ersten Kreisstadt gab es keinen Röntgenapparat. In der zweiten Kreisstadt wurden die Röntgenplatten erst wieder erwartet. Also musste die Fahrt weiter zur nächsten Kreisstadt erfolgen. Wir hielten den Wagen an einer Stelle an und beteten erst noch einmal zusammen, ehe wir das Hospital aufsuchten. Der zuständige Arzt war irgendwo unterwegs, doch der Röntgenassistent, der ebenfalls außer Haus war, konnte schon einmal benachrichtigt werden.

Die Röntgenaufnahmen bestätigten die Brüche, rechts ein komplizierter Trümmerbruch, der seine Merkmale noch bis heute aufweist, und links eine Radiusfraktur. Nach einer langen, schmerzhaften Wartezeit traf der Arzt endlich ein und musste erst eine Frau operieren. Also weiterwarten! Kurz vor Mitternacht waren dann meine beiden Arme eingegipst, der rechte von den Fingerspitzen bis über den Ellenbogen und der linke bis zum Ellenbogen!

Wie sollte das Leben jetzt weitergehen? Würde ich je wieder eine Frau entbinden und mit dem Jeep fahren können? Diese und viele anderen Fragen standen vor mir. Doch fürs Erste dankte ich meinem Gott. Wie gnädig hatte er die Umstände gelenkt, dass ich durch das schnelle Eintreffen von Familie Kahl entscheidende Hilfe erfahren durfte. Ich war dankbar für alle erfahrene Nachbarschaftshilfe. Noch in derselben Nacht installierte Herr Kahl ein Interfon zwischen unseren Häusern, damit wir uns verständigen konnten. In den wenigen noch verbliebenen Nachtstunden überlegte ich, wie ich mich wohl waschen könnte. Meine Gedanken unterbreitete ich am nächsten Tag meinen Nachbarn und schon umwickelte Herr Kahl zwei dünne Bambusstäbe mit Schaumgummi, sodass ich einen für die oberen und den anderen für die unteren Extremitäten verwenden konnte. Mit den Fingerspitzen konnte ich sie bedienen, den Lichtschalter dagegen mit der Stirne und andere Dinge mit den Knien. In solchen Situationen wird man erfinderisch. Ja, man lernt vieles im Leben! Auch Schreibmaschine schrieb ich mit den Fingerspitzen! Ich sollte sie ohnehin bewegen. Zum Kämmen und Anziehen kam Frau Kahl jeden Tag. Gut, dass sie auf demselben Grundstück wohnte! Wie dankbar war ich für alle erfahrene Hilfe! Wer sich besonders freute, mir das Essen zu reichen, war Gabriel. Mit Lust und Liebe führte er mir den Strohalm zum Mund.

Doch nicht nur meine nahen Nachbarn nahmen sich meiner an. Die Kunde von meinen gebrochenen Armen ging wie ein Lauffeuer durch die ganze Gegend. Jeden Tag kamen Leute und wollten mich mit einer Liebesgabe erfreuen – mit selbst gebackenem Weißbrot, ein paar Stängeln gebratener Mandiocwurzel, einem Stück gut zubereitetem Wildschwein oder Gürteltier oder Wildente und dergleichen mehr. Der Tankwart kam aus der Kreisstadt und brachte fünf Kilogramm selbst geernteten Reis von seinem Feld. Andere brachten Maiskolben, eine Tüte schwarz gerösteten Kaffee, Erdnüsse, ein paar gebratene Hühnerbeine und Bananen oder Apfelsinen. Alle wollten auf irgendeine Weise der „Mutter des Volkes" ihre Liebe und Anteilnahme bekunden.

Diese Zuwendungen habe ich so weder vorher noch nachher erfahren. Ich wurde dabei oft an die biblischen Berichte erinnert, wie sie Elia oder auch das Volk Israel erlebt hatten. Alles hatte seine bestimmte Zeit.

Genau acht Tage nach meinem Unfall hatte ich Geburtstag. Schwester Hanni Schein, mit der ich eine schöne Zeit der Zusammenarbeit in Porto Brasilio verbracht hatte, war mein Geburtstagsgast. Sie blieb ein paar Tage zur Hilfe bei mir. Das war mir eine besondere Freude.

Rechts neben mir: Frau Kahl und Elisabete, links neben mir: Schwester Hanni Schein und Gabriel.

Nach 35 Tagen sollte der Gips entfernt werden. Wir zählten die Tage genau, damit es keiner zu viel war. Nun sollte ich jeden Tag über einige 50 Kilometer in die dritte Kreisstadt fahren, um zehn physiothera-peutische Behandlungen zu bekommen. Es ging von einem Lernprozess in den anderen. Zuerst musste ich mich wieder ganz neu an den Jeep gewöhnen. Das Schalten der Gänge war eine schmerzhafte Angelegenheit und ich betete die Hühner und Schweine und Hunde auf der Straße oft weg, damit ich nicht so viel schalten oder hupen musste. Zu Hause übte ich weiter und machte schnell gute Fortschritte. Wie freute ich mich, als ich wieder den Brotteig durchwalken und kneten konnte! Und dann die erste Geburt nach dem Unfall! Wie gnädig, dass es nicht gleich ein fünf Kilo schwerer Brocken war!

So bin ich mit einem dankbaren Herzen wieder in den normalen Rhythmus des Lebens gestiegen. Wenn die Kraft in den Händen auch bis heute eine gebrochene ist, so möchte ich die erlebte Gotteshilfe nie vergessen, die ich so reichlich erfahren durfte. Darum: *Lobe den Herrn, meine Seele und vergiss nicht, was er dir Gutes getan hat, der dir alle deine Sünden vergibt, und heilet alle deine Gebrechen* (Psalm 103,2).

Gesegnete Dienste in Freizeiten

Schon in meinem ersten Dienstjahr in Brasilien sollte ich eine Kinderfreizeit in unserem Freizeitheim Rogate in Curitiba halten. Sie fand auf Deutsch statt. Doch schon im darauffolgenden Jahr waren einige Kinder dabei, die nicht mehr richtig deutsch sprechen konnten. Von Jahr zu Jahr nahm die Zahl dieser Kinder zu, bis die Freizeiten ganz in der Landessprache gehalten wurden. Es war einfach köstlich zu merken, wie die Kinder die Rolle der Verständigung übernahmen und zu kleinen Sprachlehrern für mich wurden. Da sagten sie mir etwa beim Essen: „Schwester Ilse, das heißt nicht ‚die Tomate' mein Papa sagt, in Brasilien heißt es ‚der Tomate' (also: ‚o Tomate')." Ja, so ist es. Das habe ich nicht mehr vergessen. Ein Mädchen wollte auch einmal das Tischgebet sprechen. Ich nickte ihr zu und sie fing an, das „Ave Maria" zu beten. Plötzlich stockte sie. Da flüsterte mir ein kleiner Junge zu: „Lass sie nur, sie ist sowieso bald am Ende."

Ich versuchte, den Kindern die biblischen Geschichten so plastisch wie möglich vor Augen zu malen, so, als seien sie unter uns geschehen. Damit hatte ich immer aufmerksame Zuhörer.

Mit Vorliebe spielten sie biblische Szenen, wie zum Beispiel das verlorene Schaf. Der größte Junge war natürlich der Hirte, der das gefundene Schaf dann auf den Armen nach Hause tragen durfte. Jeder wollte gerne das kleine Schaf sein und dabei hatten wir gar nicht so viele „kleine" Schafe.

Eines Tages wollten sich die Kinder vom Frühstückstisch ein paar Schnitten Brot aufheben. Wollten sie diese zwischendurch trocken essen? Nein, die wollten sie trocknen! Sie erklärten mir, dass sie trockenes Brot für die Gibeoniter brauchten. Ich musste nicht lange überlegen, denn ich hatte den Kindern einige Tage zuvor den biblischen Bericht von den Gibeonitern aus Josua 9 erzählt. Diese hatten sich eine List erdacht: Sie taten so, als seien sie aus fernen Ländern gekommen. Sie wollten auch zum Volk Gottes gehören. Als Beweis ihrer Glaubwürdigkeit zeigten sie trockenes, zerbröckeltes Brot und ihre zerschlissene Kleidung und alten Schuhe vor.

(Das gehörte zur Welt unserer armen Kinder, aus der die meisten kamen.) Es machte den Kindern Freude, gerade diese biblische Szene zu spielen. Weil die List der Gibeoniter jedoch schon nach ein paar Tagen entdeckt wurde, machte man sie zu Wasserträgern und Holzsammlern. Ich konnte nur staunen, wie sich die Kinder in die biblischen Berichte hineindachten! Möge Gott sie in ihrem späteren Leben immer wieder daran erinnern, dass jede List und Täuschung über kurz oder lang offenbar wird!

Aber auch die biblische Szene von den drei Männern im Feuerofen, die uns in Daniel 3 berichtet wird, fesselte die Kinderherzen. Da konnten alle mitspielen. Wer nicht zu den drei Männern zählte, die das goldene Bild des Königs anbeten sollten, gehörte zu der Musikgruppe, die mit lauter Musik das Niederfallen der drei Männer zum Anbeten bewirken sollte. Mit großem Eifer hatten sich die Kinder schon Tage vorher Flaschendeckel gesucht. Irgendjemand musste ein Loch durchbohren und für einen Draht zum Durchfädeln sorgen, und dann konnte die Musikgruppe mit lautem Krach auftreten. Ein paar Samenschoten von den Bäumen mischten dem Krach noch ein paar andere Töne bei. Sie versuchten sogar, „ihre Musik" in einen Takt zu bringen. Der Tisch, den die Jugend für ihre Tischtennisspiele brauchte, war dann der feurige Ofen, unter dem die drei mit Binden umwickelten Männer „verbrannt" werden sollten. Doch Gott bewahrte die drei Männer und rettete sie wunderbar. Und alle priesen den Namen Gottes laut. Wie einprägsam wurden den Kindern dabei die biblischen Berichte. So konnten wir ihnen die Bibel lieb machen.

Bei einer meiner Besuchsreisen vor einigen Jahren begegnete ich einer Frau, die mich auf die Kinderfreizeiten von „damals" ansprach, die sie nicht vergessen würde. Sie ist heute Chorleiterin in einer Kirche. Möge Gott doch noch manche Kindheitserinnerungen aus dieser Zeit fruchtbar werden lassen!

Über viele Jahre wurde ich gebeten, den Dienst in den Kinderfreizeiten zu übernehmen. Doch dann lösten die Jugendfreizeiten die Kinderfreizeiten ab. Da es meistens gemischte Freizeiten waren, hielt ich diese mit einem Missionar zusammen. Da kamen Jugendliche aus all unseren Missionsarbeiten zusammen. Auch das waren Freizeiten, die ihr besonderes Gepräge hatten und immer gute geistliche Akzente setzten. Einige Jugendliche, die damals eine Entscheidung für Jesus trafen, sind heute noch, zum Teil mit ihren Familien, in der Gemeinde tätig.

Nicht vergessen darf ich die Frauenfreizeiten, die über Jahre immer in deutscher Sprache stattfanden und sehr beliebt waren. Dadurch, dass alle unsere Missionsarbeiten im Laufe der Zeit immer mehr von der Landessprache durchsetzt waren, sollte nun auch eine Frauenfreizeit in Portugiesisch angeboten werden. Das war ein Wagnis! (Aber ein lohnendes!) Die meisten Frauen, die dafür infrage kamen, gehörten zu unseren „jungen brasilianischen Pflänzchen", die zum Teil aus ärmlichen Verhältnissen kamen. So wurde ich gebeten, die erste Frauenfreizeit in der Landessprache mit Ehepaar Kelm in Curitiba zu halten.

Schon lange vorher hatte ich auf meiner Station, das war damals Candoi, Vorbereitungen getroffen.

Wir wollten den Frauen die Fahrt dorthin schenken (es waren immerhin ungefähr 400 Kilometer!), aber für die Teilnahme an der Freizeit sollte ein kleiner Betrag gezahlt werden. Alle waren damit einverstanden. Emsig waren sie dabei, Hühner und Eier, kleine Ferkel und manchen Ernteertrag umzusetzen und ein „Sparkonto" anzulegen, das ich verwaltete. Manches Kleid wurde zu einem „Stadtkleid" umgeändert, Koffer wurden geliehen, eine neue Bibel wurde gekauft und vieles mehr.

Der Reisetag rückte näher und schließlich hatte ich sechs Frauen im geländegängigen Wagen. Allein die weite Fahrt war ein Erlebnis für sich! Kaum hatten wir unseren Ort verlassen, da wurde schon nach einer Toilette gefragt. Dass es diese nicht an jeder Ecke auf dem Asphalt gab, mussten sie hinnehmen. Froh und dankbar trafen wir gegen Abend in Curitiba ein, wo sich schon einige Frauen aus anderen Arbeiten eingefunden hatten. Wir freuten uns sehr, dass sich auch mehrere Frauen aus dem deutschsprachigen Raum eingestellt hatten. Sie waren sogar bereit, mit im großen Schlafsaal zu schlafen, und waren unseren Brasilianerinnen eine echte Hilfe. Sie halfen ihnen selbstverständlich beim Duschen, denn das kannten sie nicht. Wenn ich morgens zum Wecken in den Schlafsaal kam, saßen sie meistens schon mit der Bibel in der Hand auf ihren Betten.

Wir erlebten auch drollige Dinge. Einmal sah ich, dass eine Frau ihren Koffer unter dem Kopfkissen hatte. Sie erzählte mir, dass sie zu Hause nur schlafen könne, wenn sie einen kleinen Baumstamm unter dem Kopf habe, denn ein Kopfkissen besitze sie nicht. Und hier seien die Kissen viel zu dünn. Da habe sie einfach ihren Koffer unter das „dünne Kissen" gelegt und habe damit gut geschlafen. Der Mensch muss sich zu helfen wissen! Jakob hatte schließlich auch nur einen Stein als Kopfkissen!

Sehr interessiert nahmen sie die biblische Botschaft auf, die ihnen Herr Kelm anschaulich verkündete, und auch zu Hause berichteten sie davon.

Aber das ganze Leben und Treiben in einer Großstadt war für sie einfach eine andere Welt. Eines Tages fuhren wir mit dem Omnibus zur Stadt. Wir hatten ihnen vorher gesagt, dass sie sich nicht aus der Gruppe entfernen sollten. Doch was erlebten wir? Die Ampel war grün und wir mussten schnell auf die andere Straßenseite. Bis unsere lieben Frauen begriffen, dass Eile geboten war, hatte die Ampel wieder auf „Rot" geschaltet und die Autos rollten an und hupten. Doch einige Frauen standen immer noch mit übereinandergeschlagenen Armen mitten auf der Straße und zählten die Fenster im Hochhaus. Das war für sie eine große Neuigkeit, denn ihre Hütten hatten meistens nur ein Fensterloch

156

ohne Glas. Sie hatten sogar eine logische Erklärung für ihr Verhalten. „Wissen Sie, Schwester Ilse, wenn bei uns die Kühe langsam von einer Seite auf die andere gehen und manchmal sogar noch stehen bleiben, dann müssen die Autos oder Pferdewagen auch warten, bis alle drüben sind, und niemand hupt." Ja, das ist wahr, aber jetzt waren wir eben in einer anderen Welt. Jedenfalls waren wir jeden Abend wieder neu dankbar, wenn alle gesund und zufrieden in ihren Betten lagen. Aber bei der Auswertung dieser Tage mussten wir oft noch herzlich lachen und Gott einfach für alle Bewahrung danken.

Um das Maß der Freude zum Überlaufen zu bringen, fuhren wir mit ihnen in den letzten Freizeittagen zur nahe liegenden Küste an den Atlantischen Ozean. Sie sollten doch einmal einen Blick auf das große Meer tun können! Das war wirklich ein Volltreffer, erst recht, als sie ihre Füße ins Meerwasser stecken und ein paar Schritte darin gehen konnten. Von diesem gewaltigen Erleben schwärmten sie noch lange!

Bei der ersten Berichterstattung im Gottesdienst erzählten sie: „Stellt euch vor, wir waren mit unseren Füßen schon bald in der Mitte vom großen Ozean! Und richtige Wellen haben wir gesehen!" „Und ich habe sogar gelernt, mit Messer und Gabel zu essen!", fügte eine andere Frau hinzu. Was man nicht alles in einer Freizeit lernen und erleben kann! Natürlich wollten sie im nächsten Jahr wieder dabei sein und fingen gleich an, neue Sparmaßnahmen zu treffen und noch andere Frauen dafür zu gewinnen.

Auf der Heimfahrt sangen wir viel, denn die neu

gelernten Lieder mussten ja vertieft werden. Die Begegnungen und Gespräche mit den Frauen aus den anderen Arbeiten wirkten sich auch fruchtbar aus, nicht nur im Leben der Freizeitteilnehmerinnen, sondern in der ganzen Missionsarbeit. Das berichteten auch die Frauen der anderen Arbeiten.

So wurde der Dienst in den Freizeiten zu einer Segenszeit für viele.

Meine treuen Helfer

In den letzten Jahren meiner Brasilienzeit hatte ich die große Freude, immer wieder einmal eine diakonische Helferin für ein bis zwei, oder auch für mehrere Monate zur Seite zu haben. Das war nicht nur für mich, sondern auch für unsere Missionsarbeit, und nicht zuletzt für meine Kurzzeithelferinnen selbst eine willkommene und fruchtbringende Sache. Sie waren mir wirklich tatkräftige Hilfen, die sich vor keiner Arbeit scheuten und mit mir durch dick und dünn gingen. Damals war das Projekt für Kurzzeitmissionare in der „Stiftung Marburger Mission" noch im Werden. Doch für mich waren sie echte Missionare.

Ich möchte nur einige von ihnen nennen. Da ist Melanie, die nach ihrem Abitur gerne einen Missionseinsatz machen wollte. Diesen begann sie für mehrere Monate am Rio das Cobras, im Indianergebiet, bei Familie Gaab. Nun wollte sie noch eine andere Missionsarbeit kennenlernen. Für alles interessierte sie sich. Bald waren es die großen Ameisen, die sogenannten Schlepper, die in Scharen den Weg überquerten.

Melanie und die „Schlepper".

„Hausbesuche" bei einer Zauberin.

Dann wieder machte sie gerne mit mir Hausbesuche und brachte sich besonders in der Jugendarbeit ein. Es war ihr eine Freude, mit Ana-Claudia und Ednei Flöte zu spielen. Auch die Kinder mochten sie gerne und sie waren ganz Ohr, wenn sie sonntags mit einigen Jugendlichen eine biblische Szene vortrug. Manchmal mussten wir die Kinder auch erst aus ihrem Versteck herauslocken. Aber auch beim morgendlichen Bibellesen, das wir gemeinsam pflegten, war sie lernbegierig und brachte ganz selbstverständlich im Gebet mit mir mancherlei Nöte der Gemeinde vor den Herrn.

Melanie wusste die Kinder zu fesseln.

Das durfte ich auch mit Martha, Christiane und Christine erleben, die dann nacheinander meine treuen Helferinnen waren. Besonders Christiane lag es am Herzen, die interessierten Jugendlichen musikalisch zu fördern. Es machte ihr aber auch große Freude, mit Ednei einen Ritt zu machen, während Martha auch gerne einmal auf dem Melkschemel in der Nachbarschaft saß. Sie begleitete mich auch einige Male, wenn ich zum Religionsunterricht in die örtliche Schule musste. Dort sollte ich den wenigen evangelischen Kindern auf Anraten des Paters Religionsunterricht erteilen. Die Kinder waren davon so begeistert, dass auch die Lehrerinnen mit der Bitte zu mir kamen, daran teilnehmen zu dürfen, sodass ich nicht nur vier bis sechs Schüler vor mir hatte, sondern alle vier Schulklassen mit den Lehrerinnen. Mit großer Freude verkündete ich ihnen allen das Evangelium und alle 90 waren mucksmäuschenstille Zuhörer. Da war nichts mehr von einer Konfessionsbarriere zu spüren. Vielen von ihnen waren die biblischen Geschichten fremd, aber sie waren sehr interessiert und nahmen gerne am Unterricht teil.

Dann kam der Schulbus und holte die Schüler wieder ab.

Alle meine Helferinnen waren mir auch praktische Hilfen im Haushalt, z.B. beim Kneten des Brotteigs. Es war ihnen eine große Freude, mit mir oder auch ohne mich Haus- bzw. Hüttenbesuche zu machen. Sie waren mir auch treue Begleiter und tatkräftige Hilfen auf so mancher Schlammfahrt. Da brachte sich auch Christine hundertprozentig ein.

Unermüdlich drehte sie auch den Maschendraht Meter für Meter, der den faulenden Holzzaun um unser Grundstück ersetzen sollte.

Martha knetet den Brotteig.

Ich habe jetzt nur einige diakonische Helferinnen erwähnt, aber es waren noch mehr, die ich alle dem Herrn Jesus anbefehle und für sie den Segen Gottes erbitte. Möge ihnen allen die Zeit des diakonischen Missionseinsatzes zu einer fruchtbringenden Horizonterweiterung für ihr Leben werden!

Christines Hilfsbereitschaft bei den Schlammfahrten.

Überschwemmungen

Überschwemmungen erlebten wir auf meiner letzten Station fast jedes Jahr. Wenn der Paranafluss stieg, waren schnell die Hütten und Häuser, die am Flussufer standen, davon betroffen. Das geschah meistens in den Monaten Januar bis März. Unsere Missionsstation, die einige 100 Meter höher auf dem Festland lag, blieb verschont, aber wir litten mit den Menschen, die davon betroffen waren, und halfen ihnen, soweit es uns möglich war. Etliche von ihnen fanden in Jesus den Halt ihres Lebens.

Der Parana hat annähernd 300 Inseln, die zum Teil sehr lang und breit und vor allen Dingen dicht bevölkert waren. Die Flussarme schlängeln sich um die Inseln herum, sodass man das eigentliche Ufer auf der anderen Seite kaum erkennen konnte. Die Insel, die vor uns lag, war allein 43 Kilometer lang. Die schmalste Stelle des Flusses war von unserem Ufer bis zur Insel ungefähr zwei bis drei Kilometer entfernt.

Durch die wiederholten Überschwemmungen war der Boden sehr fruchtbar. Darum legten viele Menschen ihre Pflanzungen auf der Insel an und rechneten sich schon aus, was sie sich alles mit dem Ernteertrag anschaffen konnten. Sogar das Weideland für das Vieh wurde oftmals auf die Insel verlegt. So war ständig Betrieb auf dem Paranafluss. Doch wenn die Überschwemmungen die Inseln überfluteten, konnte von einem Tag zum anderen aller Gewinn zum Verlust werden.

Die Inselbehausungen standen schnell unter Wasser.

Tag und Nacht hörte man die Geräusche der Bootsmotoren, denn das Getreide und auch das Vieh musste ja so schnell wie möglich auf das Festland transportiert werden. Die Inselbehausungen standen schnell unter Wasser und verfaulten zum Teil. Trotzdem wagten die Menschen immer wieder einen Neuanfang, bis der Staat in den 90er-Jahren eine andere Vision hatte und ihnen auf dem Festland eine Bleibe anbieten konnte.

Doch einmal werden sie auch diese wieder verlassen müssen, denn Gottes Wort erinnert uns in Hebr. 13,14: *Wir haben hier keine bleibende Stadt.*

Die vor der Überschwemmung geretteten Tiere.

Gott redet auf mancherlei Weise

Um das zu erleben, muss man nicht erst nach Brasilien kommen.

Ich habe das Reden Gottes nicht nur mit aufgeschlagener Bibel erlebt, sondern meistens habe ich mitten im Alltag schnell herausgefunden, dass Gott mir etwas sagen wollte:

Es war noch vor meinem Missionseinsatz in Brasilien. Ich hatte so manches zu verkraften und meine Gedanken kreisten immer wieder um das Erlebte. Ich war zu Fuß unterwegs, als mich mein Weg über eine Brücke führte. Sie hatte nur einen schmalen Fußgängersteg. Plötzlich fiel mein Blick auf ein Schild mit der Aufschrift: Nicht stehen bleiben, weitergehen!

Das war wie ein Hammerschlag von oben. Es war, als würde Gott selbst diese Worte zu mir sagen und so gab ich ihm das ganze Knäuel von zusammengestauten Erlebnissen ab und konnte unbeschwert weitergehen.

Dieses Erleben wurde noch durch einen Ausspruch untermauert: „Alles aus Gottes Hand nehmen," (auch alles Unverständliche), „alles in Gottes Hand legen" (und nicht nur mit anderen darüber sprechen und die Dinge zerreden) und „alles in Gottes Hand lassen", dafür bietet jeder Tag ein reiches Übungsfeld."

Gott benutzte dieses Erleben, um mich im Laufe der vielen Jahre immer wieder daran zu erinnern: Nicht stehen bleiben, weitergehen! Das gilt auch für die Highlights im Leben, bei denen wir so gerne stehen bleiben und uns darinnen sonnen möchten.

Gottes Reden mitten im Straßenverkehr

Über viele Jahre gab es in Brasilien nur eine Spur auf den Asphaltstraßen. Da diese mitunter sehr kurvenreich waren, konnte man kaum einen Wagen überholen, erst recht keinen Lastkraftwagen. Da kam es vor, dass man oft sehr lange hinter einem Lkw herfahren musste. So war man mehr oder weniger genötigt, all die Sprüche zu lesen, die hinten am Lkw angebracht waren. Da gab es sinnvolle, aber oft auch nichtssagende Verse. Doch zwei Worte fehlten nie: Mantenha Distancia! (Halte Abstand!)

Wie nötig das war, merkte man spätestens dann,

wenn einer der vorderen Wagen (oft fuhren die Lkws in Kolonnen) einen anderen Gang einlegen wollte, der aber nicht gleich einrastete. Da gab es dann plötzlich ein Stocken und Zurückrollen und manchmal auch ein Aufprallen der Fahrzeuge. Das besserte sich im Laufe der Zeit sehr, nachdem an vielen Stellen sogenannte Kriechspuren für den Lkw- und Omnibusverkehr eingerichtet worden waren.

„Mantenha Distancia" hat seit vielen Jahren einen Platz in meinem Herzen. Gott erinnert mich immer wieder daran.

Nicht nur im Straßenverkehr, sondern auch in den mitmenschlichen Beziehungen ist es hilfreich, auf Gottes Rat und sein Reden zu hören: Mantenha Distancia! (Halte Abstand!)

Wie viel Not wurde schon ausgelöst, wenn keine gesunde Distanz gehalten wurde! Wie viele unguten Bindungen können dadurch entstehen! Wie viele Freundschaften sind schon zerbrochen, weil der helfende Rat Mantenha Distancia nicht ernst genommen worden war!

Wir lesen im Buch Hiob 33,14: *Auf eine Weise redet Gott und auf eine zweite; nur beachtet man's nicht. Ja, Gott hat viel tausend Weisen, unser Herz zu erreichen.*

Darum möchte ich es immer besser lernen, ein Gespür für die „mancherlei Weisen" zu bekommen, die Gott benutzt, um zu meinem Herzen zu reden.

Felsen, die sprechen

Blick zur argentinischen Seite.

Brasilien ist ein Land voller Attraktionen. Nicht nur, dass es ein Land voll krasser Gegensätze ist, wenn wir an den prunkvollen Reichtum denken, der sich in vielen Villen verbirgt, und dann die schreiende Armut, Brutalität und Kriminalität, die in den immer größer werdenden Favelas (Armenviertel) herrscht. Aber Brasilien hat auch viele Schönheiten aufzuweisen, die eine deutliche Sprache Gottes vermitteln. Ich möchte nur einige erwähnen:

Blick von der brasilianischen zur argentinischen Seite.

Da sind die rund 250 wunderschönen Wasserfälle, die der Iguacufluss kurz vor seiner Mündung in den Parana in der Gegend von Fóz gebildet hat. („Fóz" bedeutet „Mündung" und so wurde auch die Stadt benannt.) Darum heißen sie auch die Wasserfälle von Fóz do Iguacú. Wirklich, ein einzigartiges Schauspiel und Wunderwerk Gottes, das man von der brasilianischen sowie von der argentinischen Seite aus betrachten kann! Es sollen die schönsten Wasserfälle der Welt sein. Jemand, der die Niagara-Wasserfälle zwischen Amerika und Kanada besuchte und dann in Fóz war, soll gesagt haben: „O, du kleiner Niagara!"

Auch der einzigartige schöne Regenbogen, der mit seinen sieben leuchtenden Farben über den Wasserfällen Brasilien und Argentinien verband, beeindruckte mein Leben tief. Das war kein Menschenwerk. Solch eine Brückenverbindung vermag nur der lebendige Gott zu schaffen und sie erinnerte mich an die einzigartige Brückenverbindung, die Gott durch Jesus zu uns Menschen geschaffen hat, aber auch an Gottes Treue, die bis heute über meinem Leben steht.

Kurz bevor man in den Nationalpark gelangt, der zu den Wasserfällen führt, kann man eine herrliche Vogelwelt bewundern. Die zahmen Tukane mit ihrem farbenprächtigen Gefieder kommen einem schon entgegen.

Es faszinierte mich einige Male zu beobachten, wie die sprudelnden Wassermengen mit Wucht über die Felsvorsprünge herniederprasselten und dann im

Flussbett ganz ruhig der Mündung entgegenflossen. Ich wurde daran erinnert, dass es in meinem Herzen auch manchmal heftig sprudelte und wütete, je nach dem Erleben, was es gerade zu verkraften gab. Wie wohltuend war es dann aber auch, wenn es in mir wieder still wurde und der Friede Gottes mich neu erfüllen konnte. Das war meistens mit Buße und Vergebung verbunden.

Die Christusstatue in Rio de Janeiro.

In Rio de Janeiro war es neben dem Zuckerhut das Wahrzeichen des segnenden Christus auf dem Corcovado, 700 Meter über dem Meeresspiegel, der mein Herz fesselte. Die Statue wurde 1931 eingeweiht und soll eine Höhe von 38 Metern haben. Allein die Spannweite der Arme soll 28 Meter betragen. Millionen von Menschen standen schon unter den Armen oder haben sich vor der Statue fotografieren lassen und sind doch ohne lebendige Beziehung zu Jesus Christus wieder fortgegangen. Die Steinmasse von 1320 Tonnen, die zum Bau der Statue verwendet wurde, kann uns nicht segnen und auch kein Leben vermitteln, weil sie es nicht hat. Aber sie will unser Herz zu dem hinwenden, der allein die Quelle des Lebens ist, Jesus Christus, der Sohn des lebendigen Gottes. In Psalm 36,10 lesen wir: *Bei dir ist die Quelle des Lebens.*

Und in mir fanden die Worte aus dem 87. Psalm einen dankbaren Widerhall: *Alle meine Quellen sind in dir.*

Doch wie verhält es sich mit den Felsen, die sprechen? Gibt es die auch in Brasilien? Ja, die gibt es. Nicht weit von Rio de Janeiro, der schönsten Hafenstadt der Welt entfernt, in der Nähe von Teresopolis, kommt man in eine herrliche Bergwelt.

Ein Höhenzug dieser Gebirgskette nahm mein Augenmerk schon einige Male gefangen. Er heißt das Orgelgebirge. Da gibt es eine Felsengruppe, die die Form einer zusammengeballten Hand hat. Beim genauen Hinschauen meint man, die Mittelknochen der Hand zu sehen. Das Besondere aber ist, dass der Zeigefinger schnurstracks nach oben zeigt. Darum trägt er auch den Namen „Dedo de Deus" (Finger Gottes). Manchmal ist diese Felsengruppe aber auch total in Nebel gehüllt und man kann unter Umständen lange warten, bis man sie wieder oder überhaupt nicht sieht. Auch das ist eine Sprache Gottes. Nicht immer können wir den Finger Gottes in allem Geschehen erkennen, aber er ist da!

Das Orgelgebirge mit dem „Dedo de Deus" (Finger Gottes).

Auf der Asphaltstraße, die in der Nähe des Felsens vorbeiführt, sind extra Einbuchtungen zum Parken angelegt worden, weil viele Touristen diesen einmaligen Anblick mit dem Fotoapparat festhalten möchten. Doch wer von ihnen vermag das Reden Gottes zu vernehmen, der uns durch diesen Felsen an die Ewigkeit erinnern will?

Und wieder ist es Gottes ewig gültiges Wort, das uns wie der Zeigefinger nach oben weist und sagt: *Lasset uns aufsehen auf Jesus, den Anfänger und Vollender des Glaubens* (Hebräer 13,2). Mit diesem Wort lässt es sich leben in kranken und gesunden Tagen und erst recht, wenn wir uns vor den Toren der Ewigkeit befinden.

Zusammenfassung

Beim Zurückschauen auf die vielen Jahre meines Missionsdienstes kann ich Gott nur von Herzen danken.

Er führte mich den rechten Weg, auch wenn ich ihn manchmal nicht gleich als den richtigen Weg erkannte.
Er wagte es trotzdem mit mir und gewährte mir immer wieder Vergebung.
Er diente mir zuerst, ehe ich ihm überhaupt dienen konnte.
Er hatte meine Vor- und Zubereitung für jeden Dienst in seiner Hand.
Er zog mich durch alles Erleben hindurch näher zu sich.
Er schenkte mir schon in frühen Jahren Liebe zu seinem Wort ins Herz und lehrte mich Vertrauen und Danken.
Er ließ es nicht an den nötigen Glaubensproben fehlen, die meinem Leben Standfestigkeit und Durchhaltekraft verliehen.

Nach einer Missionsstunde sagte eine Frau zu meiner Mutter: „Frau Roennpagel, Ihre Tochter tut aber einen schweren Dienst." Darauf meine Mutter, (die inzwischen auch eine lebendige Beziehung zu Jesus Christus hatte): „Den verrichtet sie aber mit einem frohen Herzen." Ich konnte ihr nur antworten: „Weißt du, die Tränen habe ich nicht fotografiert, aber die haben auch nicht gefehlt!"

Viele Berichte, die ich in meinen Büchern niedergeschrieben habe, spiegeln nicht die ganze Wirklichkeit wider, weil sich diese nicht in einem Bild einfangen lässt. Man kann keine Zerreißproben, die man bei fehlenden Auswegmöglichkeiten durchlebt hat, fotografieren oder beschreiben.

Wenn ich nachts in eine Hütte gerufen wurde, um eine Frau zu entbinden, und vor lauter Qualm kaum atmen oder etwas sehen konnte und manche Gerüche und Kleinvieh dabei zu verkraften hatte und nur flackerndes Kerzenlicht den düsteren Raum etwas erhellte, hätte kein Fotoapparat diese Situation wiedergeben können. Aber mein Lebensmotto „Um Jesu willen" konnte ich in jeder Lage praktizieren. Darum war es immer ein lohnender Dienst für Jesus.

Dieser geschah in Curitiba (Missionskirche), Ponta Grosse (Missionskirche), Joinville (Krankenhaus), Ortigueira, Candoi (Missionsstationen), Curitiba (Freizeitheim Rogate), Rio das Cobras (Indianerarbeit), Porto Brasilio (Missionsstation) und in den Kinder-, Jugend- und Frauenfreizeiten sowie in einigen Vertretungsdiensten.

Dazwischen lagen die Zeiten der Heimataufenthalte (1961, 1967, 1974, 1980, 1985, 1990), bis ich dann 1993 meinen aktiven Missionsdienst in Jesu Hände zurücklegte mit der Bitte, dass er ihn fruchtbar machen möge für die Ewigkeit.

Die Zeit meiner Heimataufenthalte war mit vielen Reisediensten quer durch Deutschland verbunden. Dadurch sind kostbare Querverbindungen entstanden. Ich darf sie immer wieder dankbar wahrnehmen. In meinem Vize-Mutterhaus in Velbert erfuhr ich „Heimatrechte", für die ich heute noch dankbar bin.

Aber auch unter meinen Schwestern im Osten bin ich keine Fremde geblieben. Die Gebetsbrücke er-

174

hielt die Verbindung nach Ost und West lebendig. Darum empfand ich die lange Trennungszeit nicht befremdend und war schnell wieder „zu Hause".

Große Freude erlebte ich jedes Mal bei meinen Besuchsreisen nach Brasilien. Das konnte ich in diesem Buch in den verschiedenen Berichten zum Ausdruck bringen.

Wie konkret durfte ich das Gotteswort aus 1. Kor. 15,58 erfahren:

Wisset, dass eure Arbeit nicht vergeblich ist in dem Herrn.

Möge Gott dieses Siegel „Nicht vergeblich" noch an manch einem Menschen deutlich werden lassen, dem ich im Laufe der Jahre begegnen durfte!

Anfang des Jahres 2007 war ich das sechste Mal wieder in Brasilien und verabschiedete mich nun schon das zweite Mal von allen. Doch sie blieben dabei: „Sage nie, das war das allerletzte Mal, es gibt auch noch ein allerallerletztes Mal!" Das Band der Verbundenheit bleibt in Jesus verankert.

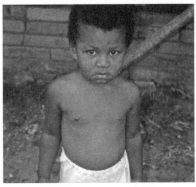

„Bitte, vergiss uns nicht!!!"

Elbingerode, im März 2008

Mehr von der Urwaldhebamme

Ilse Roennpagel
Die Urwaldhebamme
Der spannende Alltag einer Missionarin
ISBN 978-3-86122-955-1
160 Seiten, kartoniert

38 Jahre lang trägt Schwester Ilse Roennpagel das
Licht Gottes in die „grüne Hölle" Brasiliens.
Als Hebamme ist sie unermüdlich unterwegs in
den unendlichen Urwäldern des Riesenlandes.
2000 Kindern verhilft die „Mutter des Volkes",
wie die Brasilianer sie nennen, zum Leben.
Sie bringt den Menschen Krankenpflege und
Nähkurse, Hygienetipps und Leseunterricht –
vor allem aber das Wort und die Liebe Gottes.
Ihr mutmachendes und packendes Lebenszeugnis
ist ein Lobgesang auf einen mächtigen Gott.